Very Important

Adult

Work, Totally Not a

Coloring Book

Patterns

ISBN 978-1-939169-06-8

Printed in the United States of America

The Pleasure of Patterns

There's something about human nature that's drawn to patterns. We seek them out in our lives, our media, and our art to give the world meaning. Well, with this coloring book, you don't have to seek them out. The patterns are right there for you to sink into — swirling circular patterns, intricate diamond patterns, crosshatching, and even floral patterns.

The best part about coloring pages made up of repeating shapes and abstract designs is that no one can tell you what the final product should look like. You can let your imagination or your meditative state ascribe any meaning to these designs. Change the results by using crayons, colored pencils, paint, or markers. If you're using heavy ink or watercolors, insert a piece of heavy cardboard behind the page to keep the colors from bleeding through the paper.

Whatever material you use, put your own personal touch on the pictures in this coloring book. Tease your own story from soothing patterns and sweeping, mesmerizing designs.

Also available for your coloring pleasure:

Floral Coloring Pages, ISBN 978-1-939169-03-7
Mandala Coloring Pages, ISBN 978-1-939169-04-4
Geometric Coloring Pages, ISBN 978-1-939169-05-1

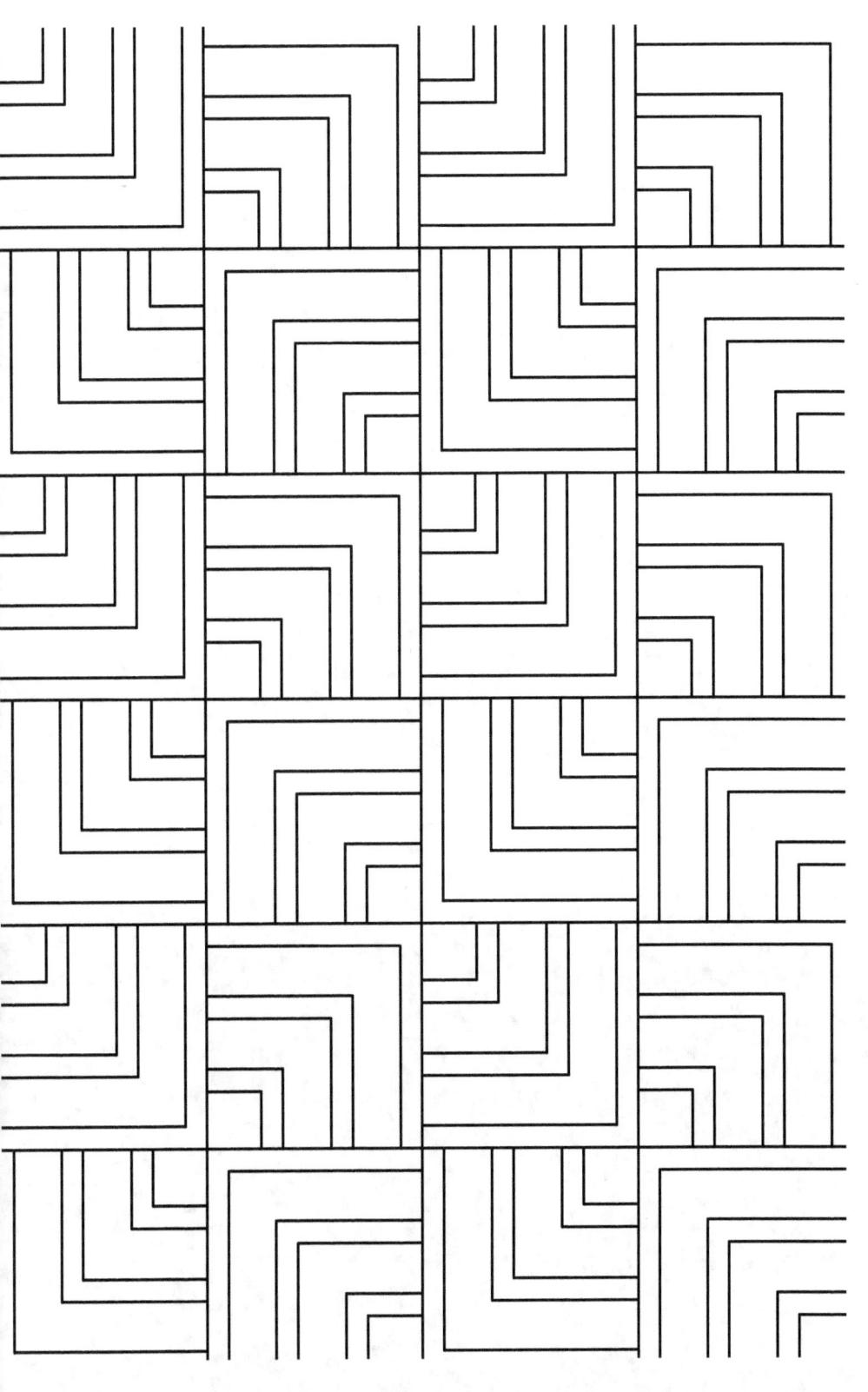

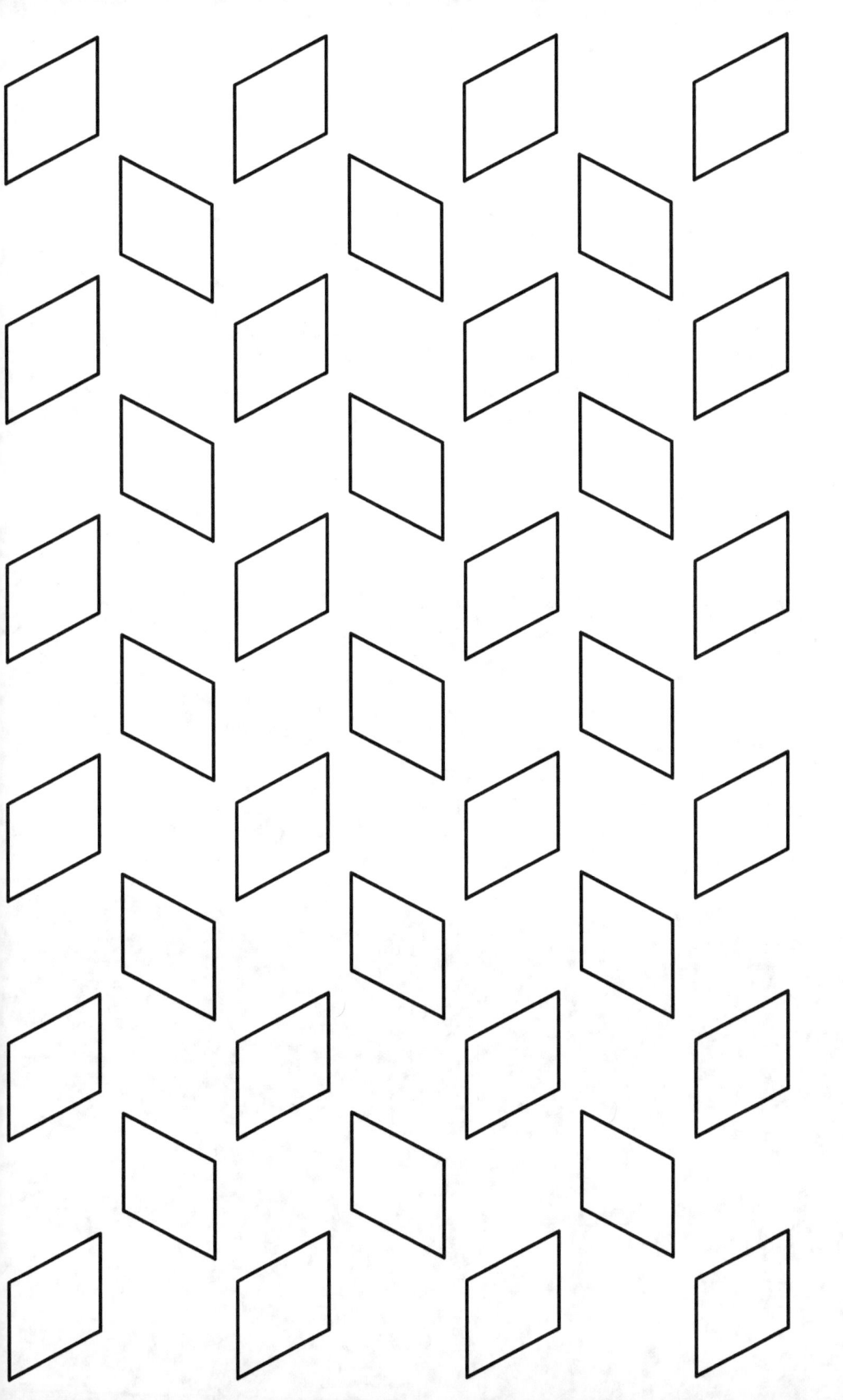

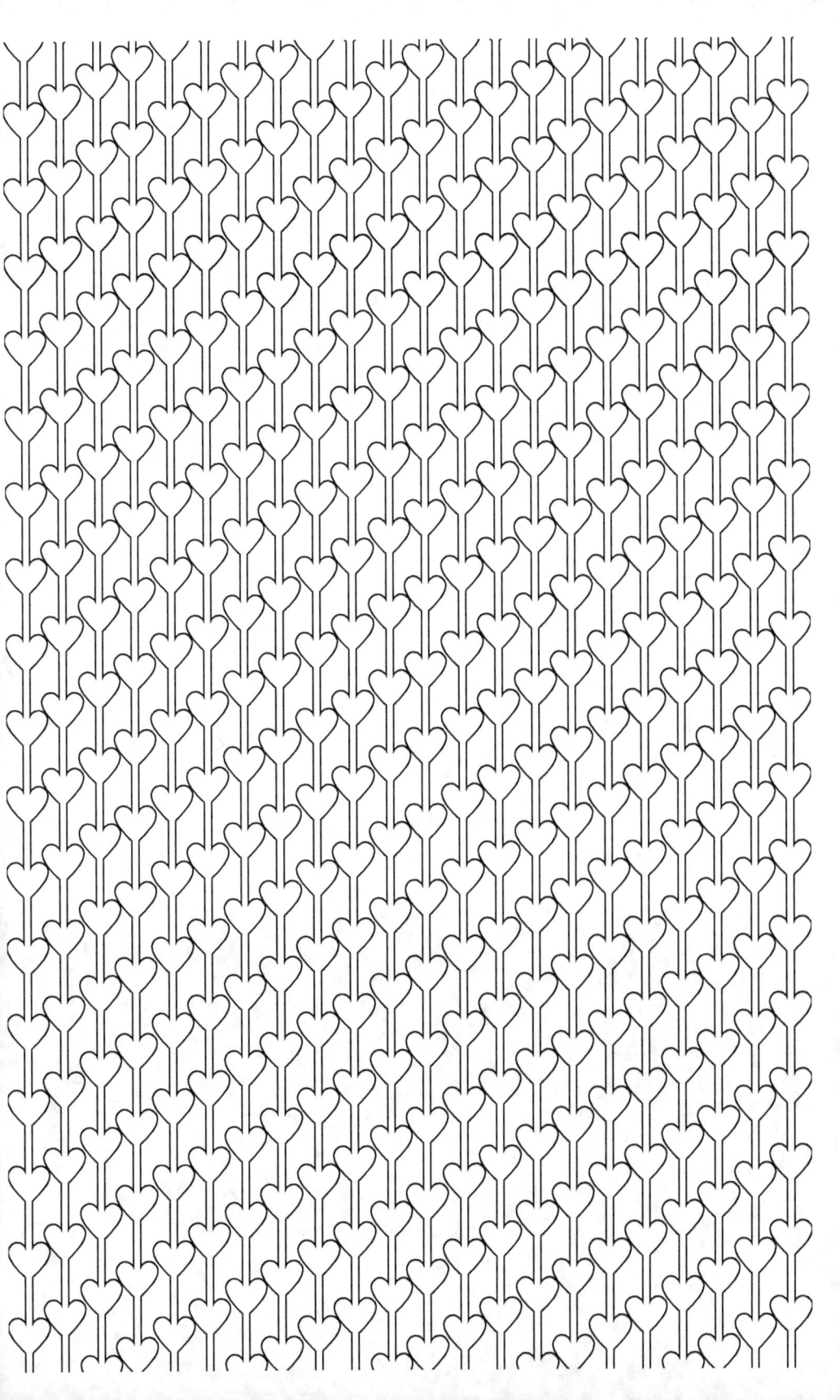

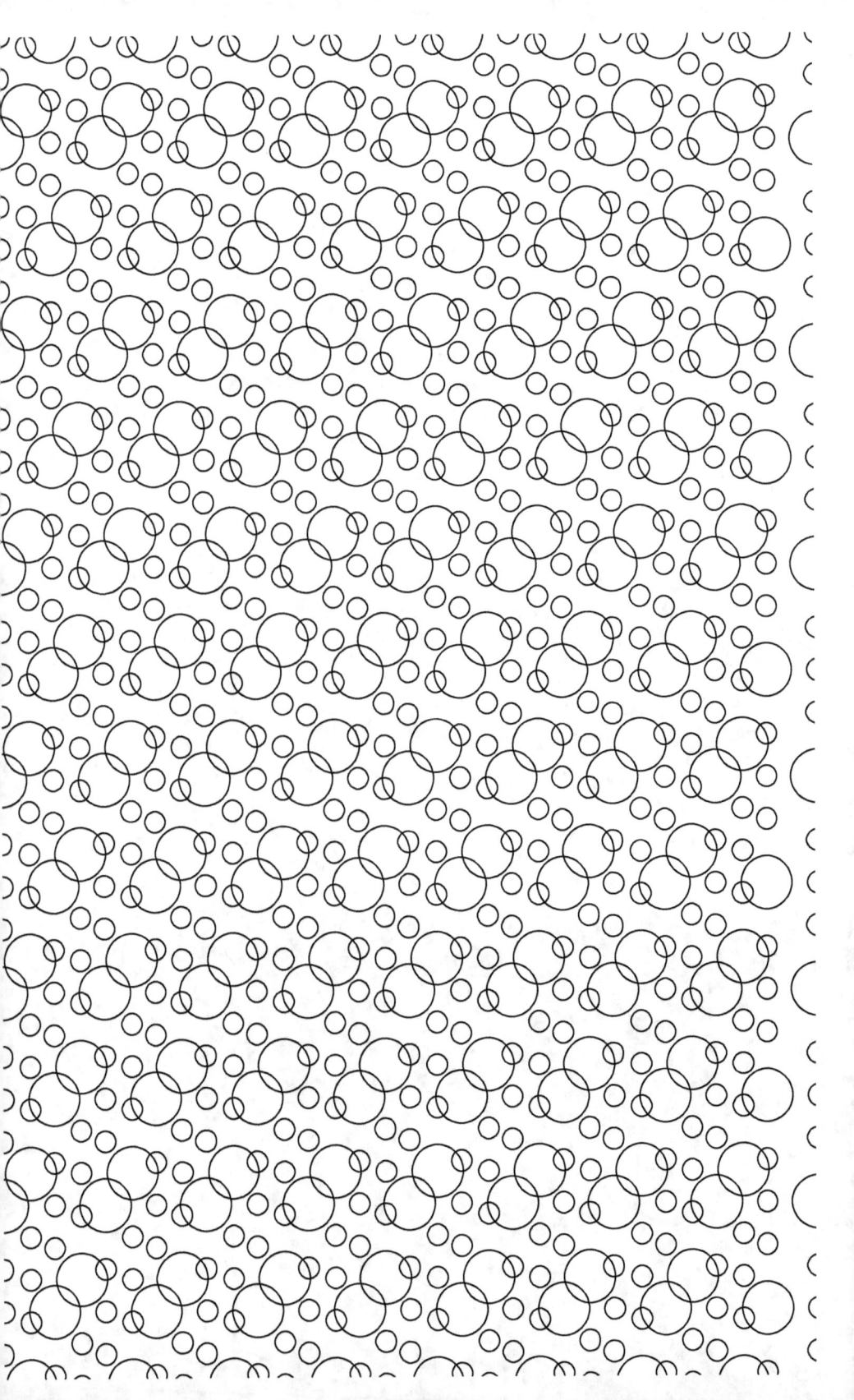

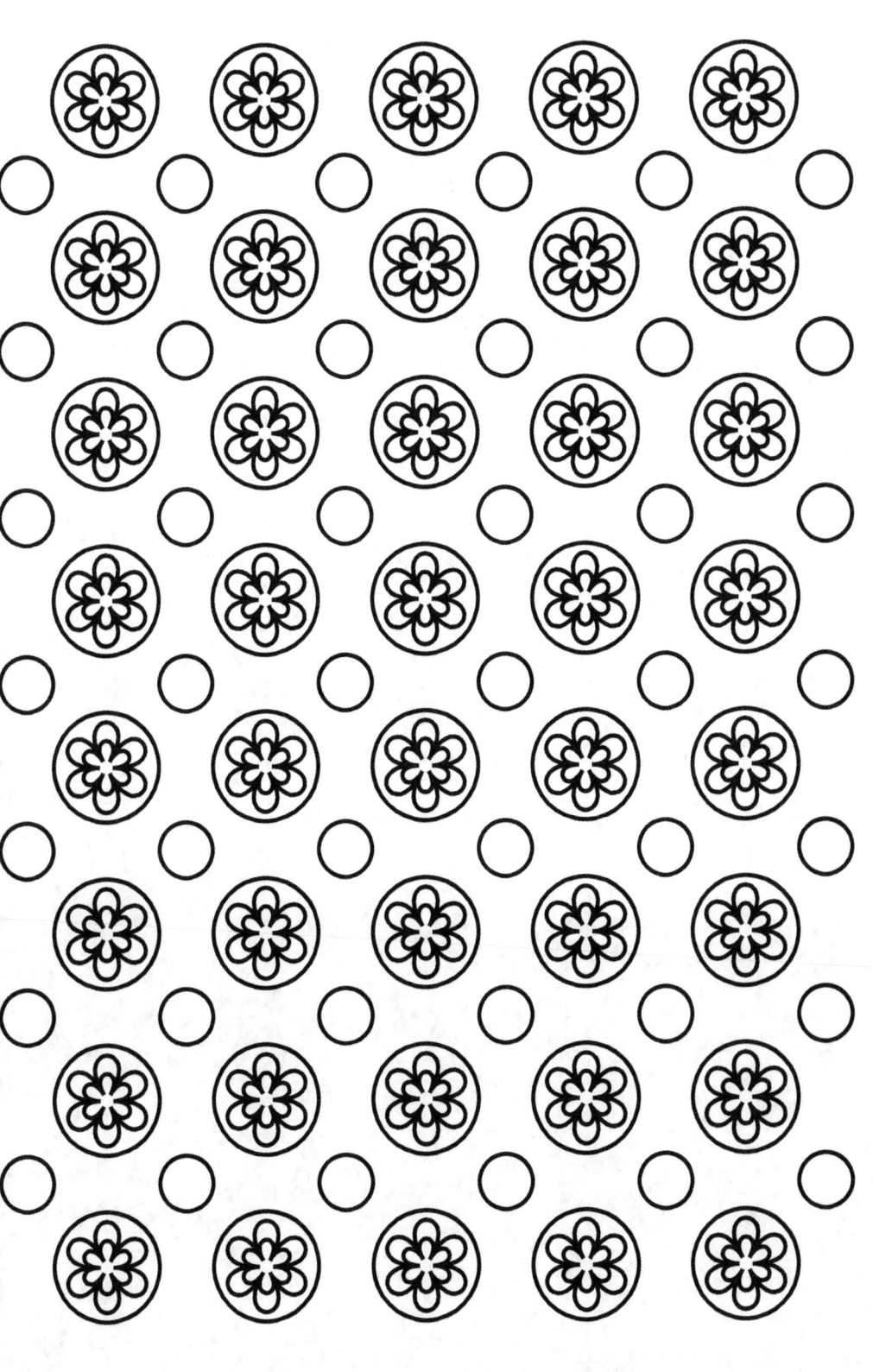

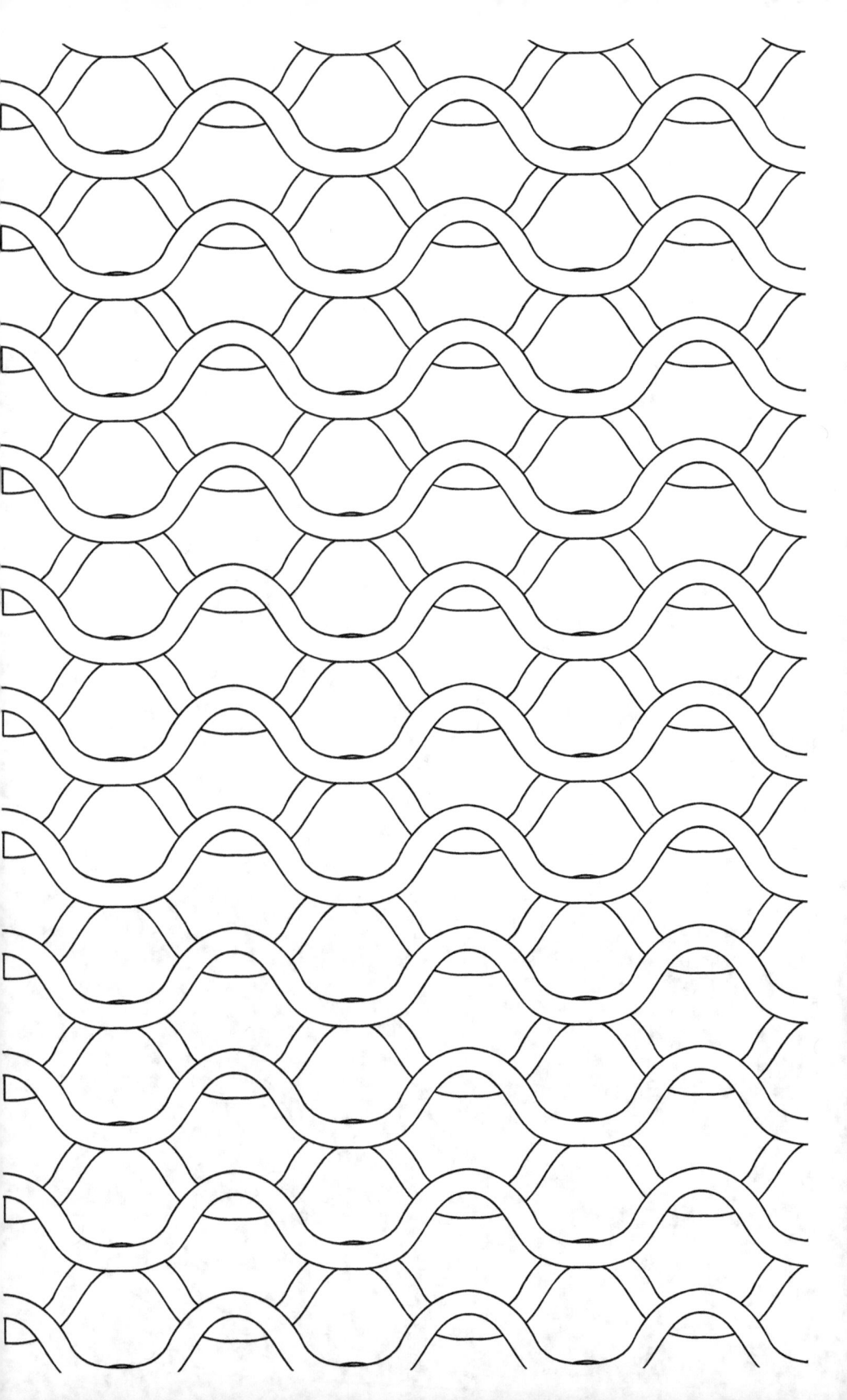

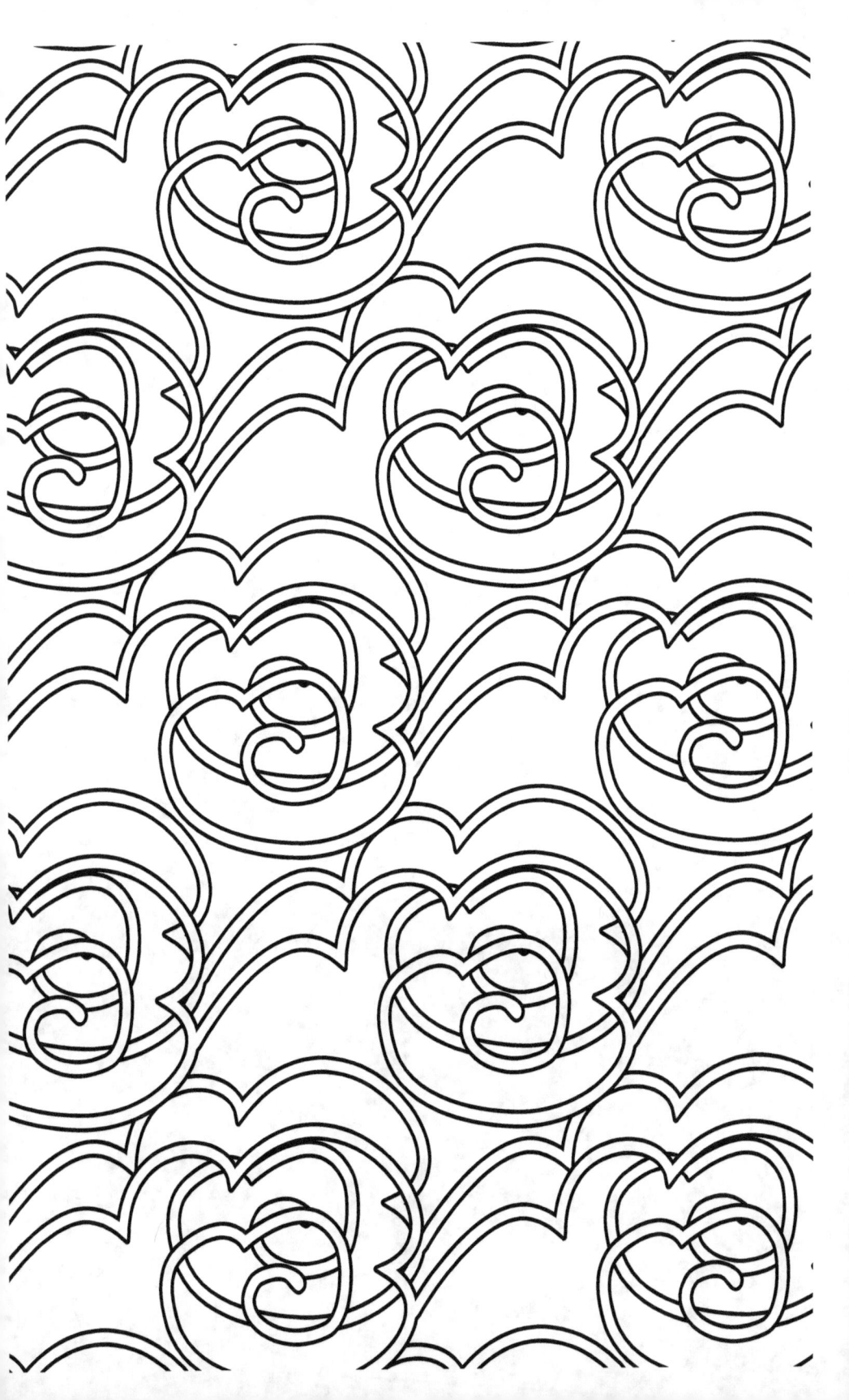

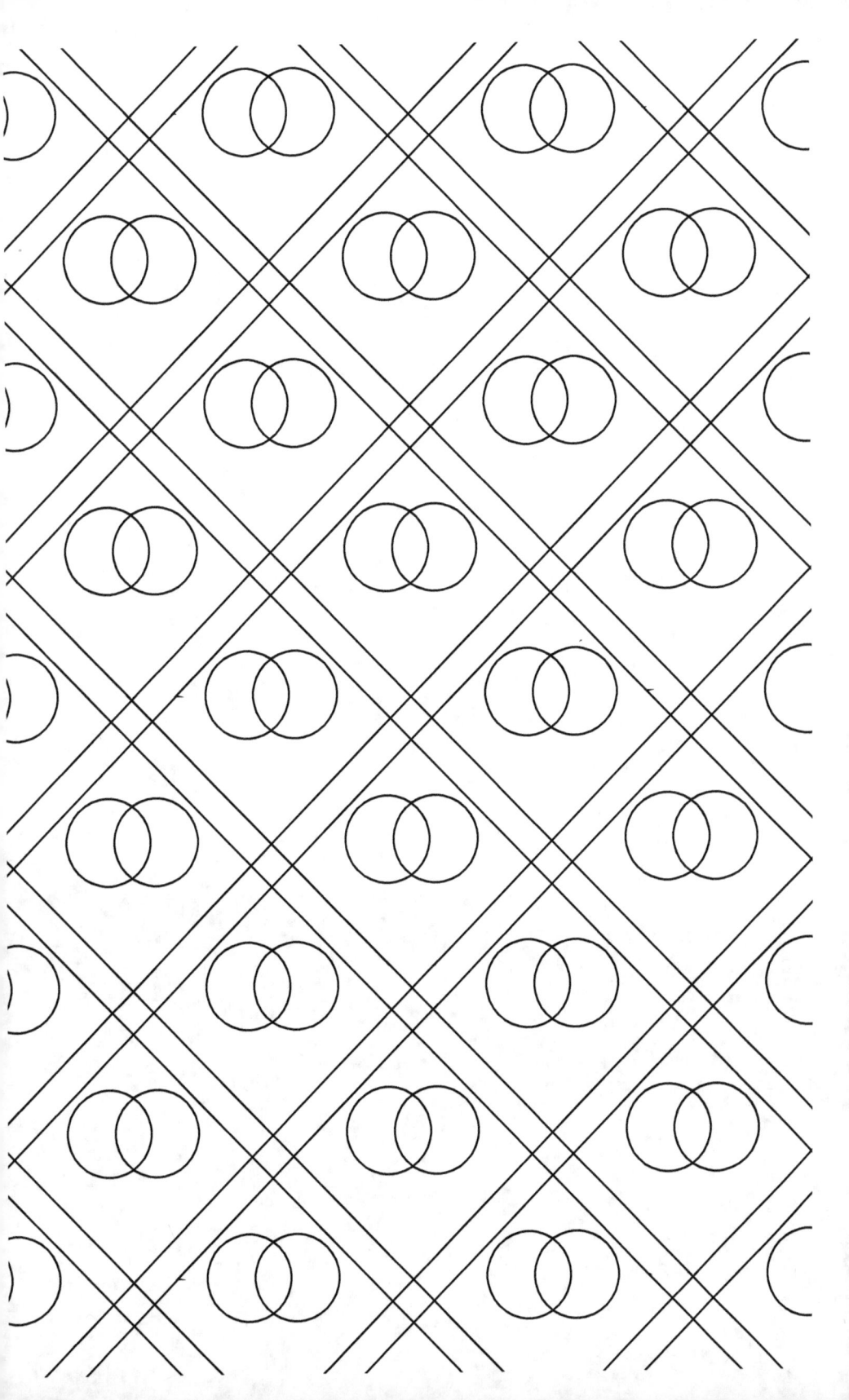

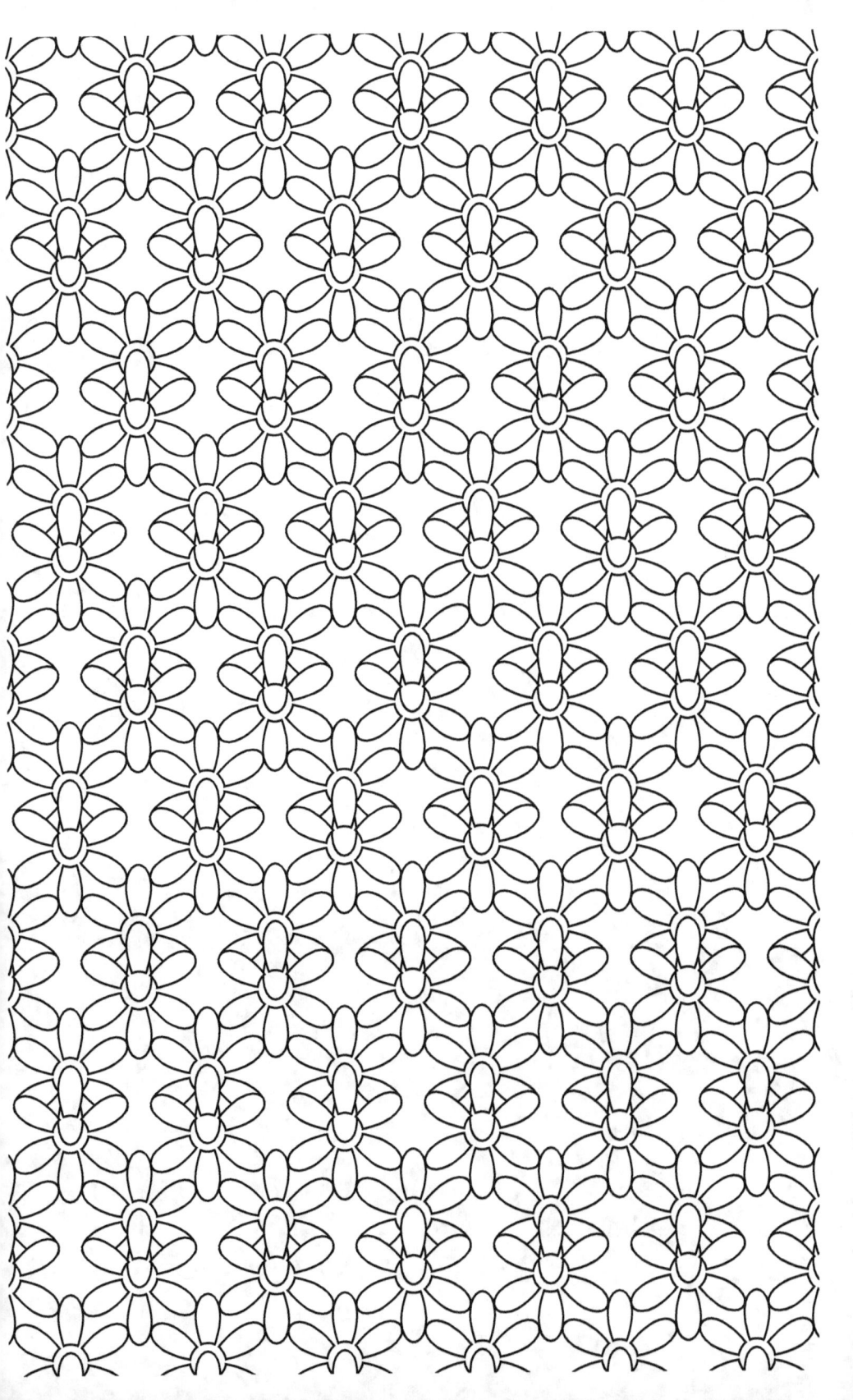

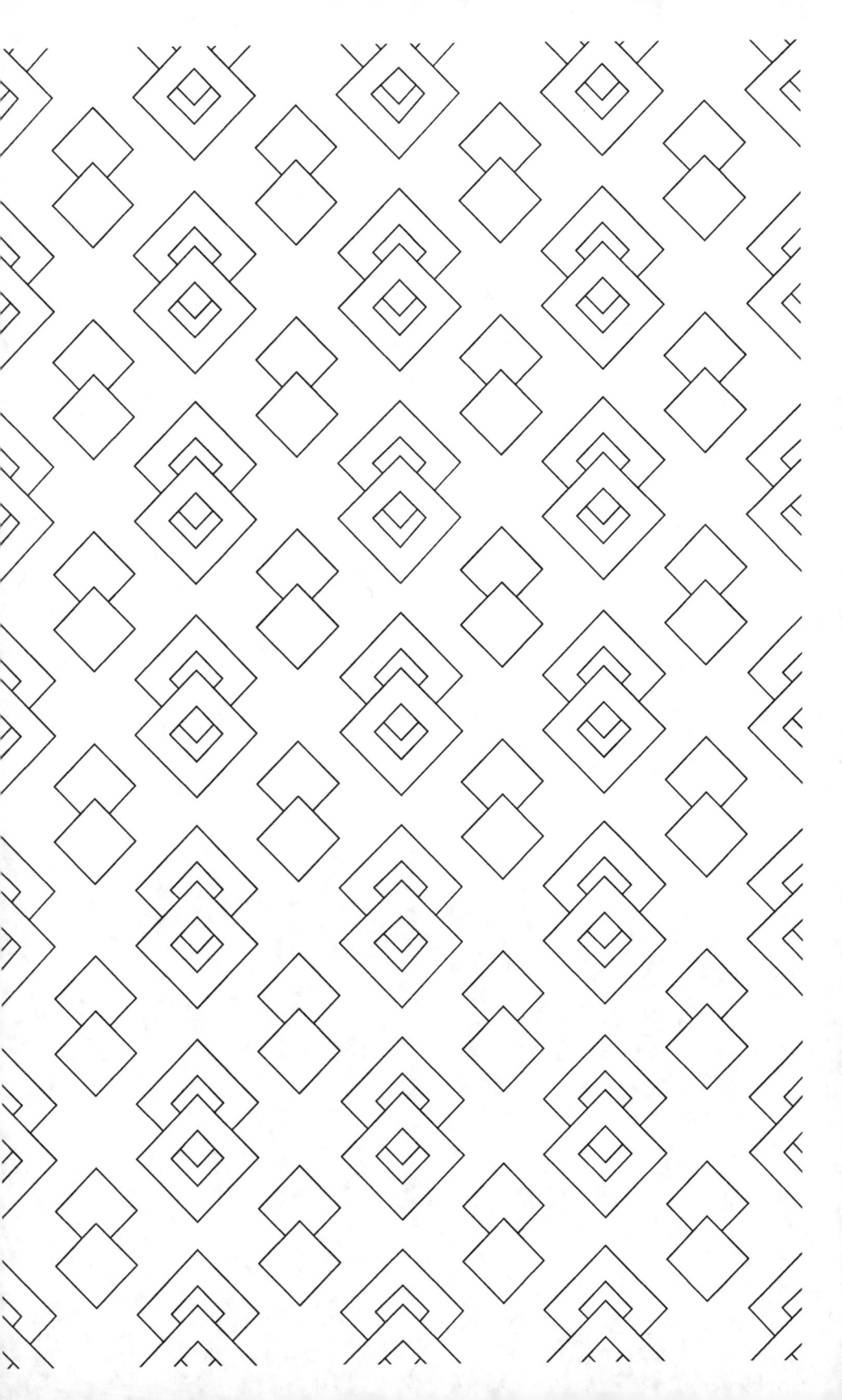

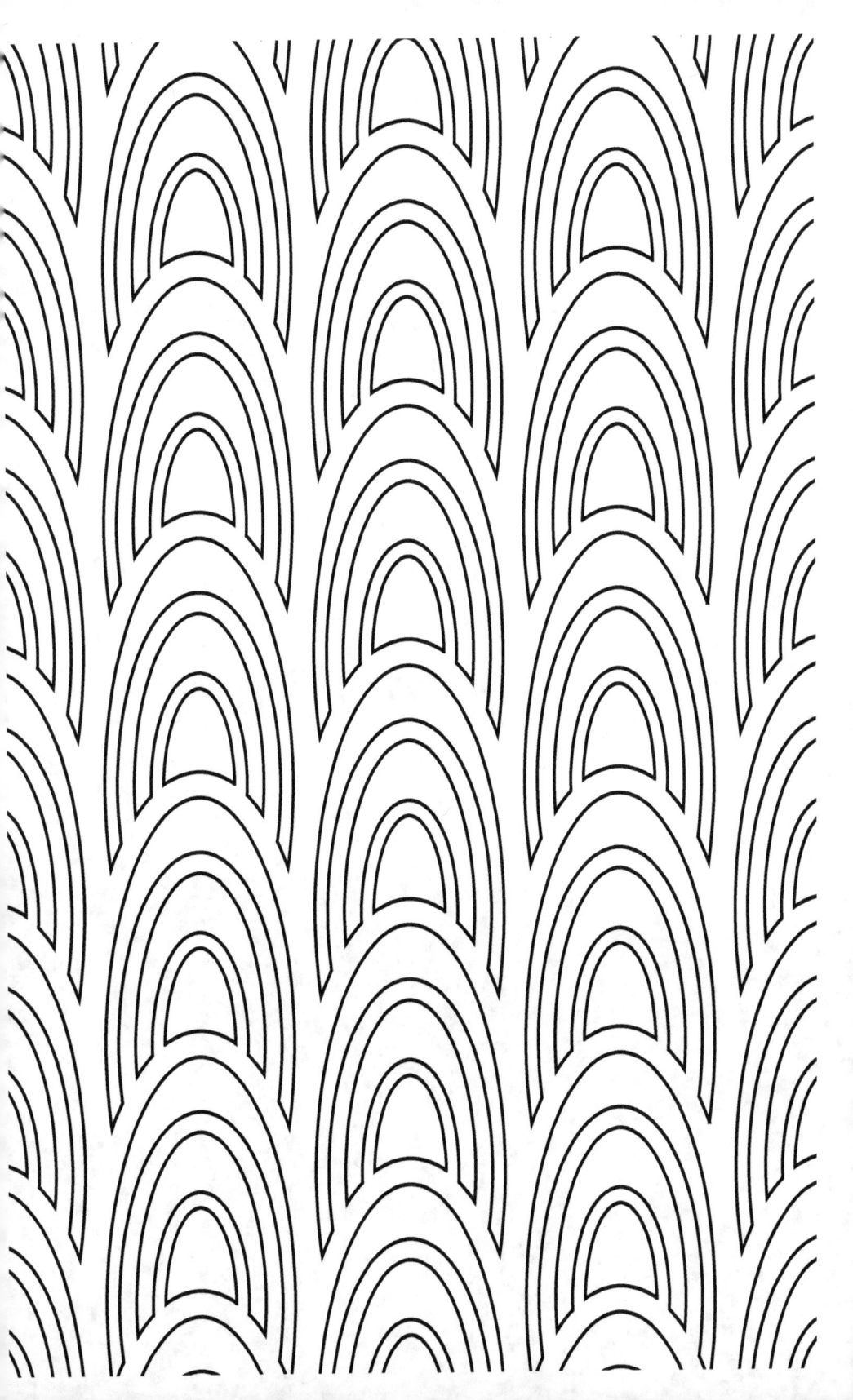

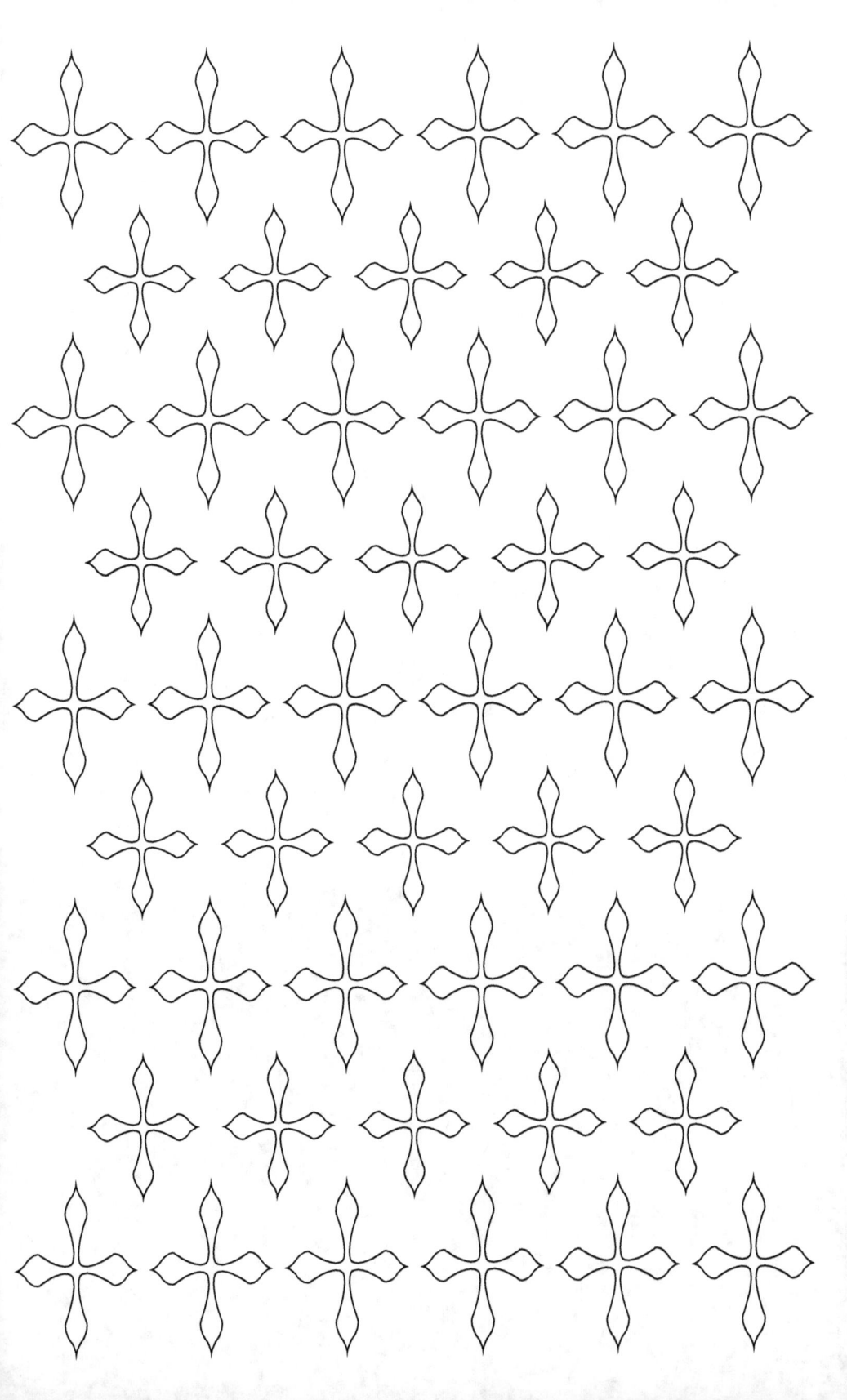

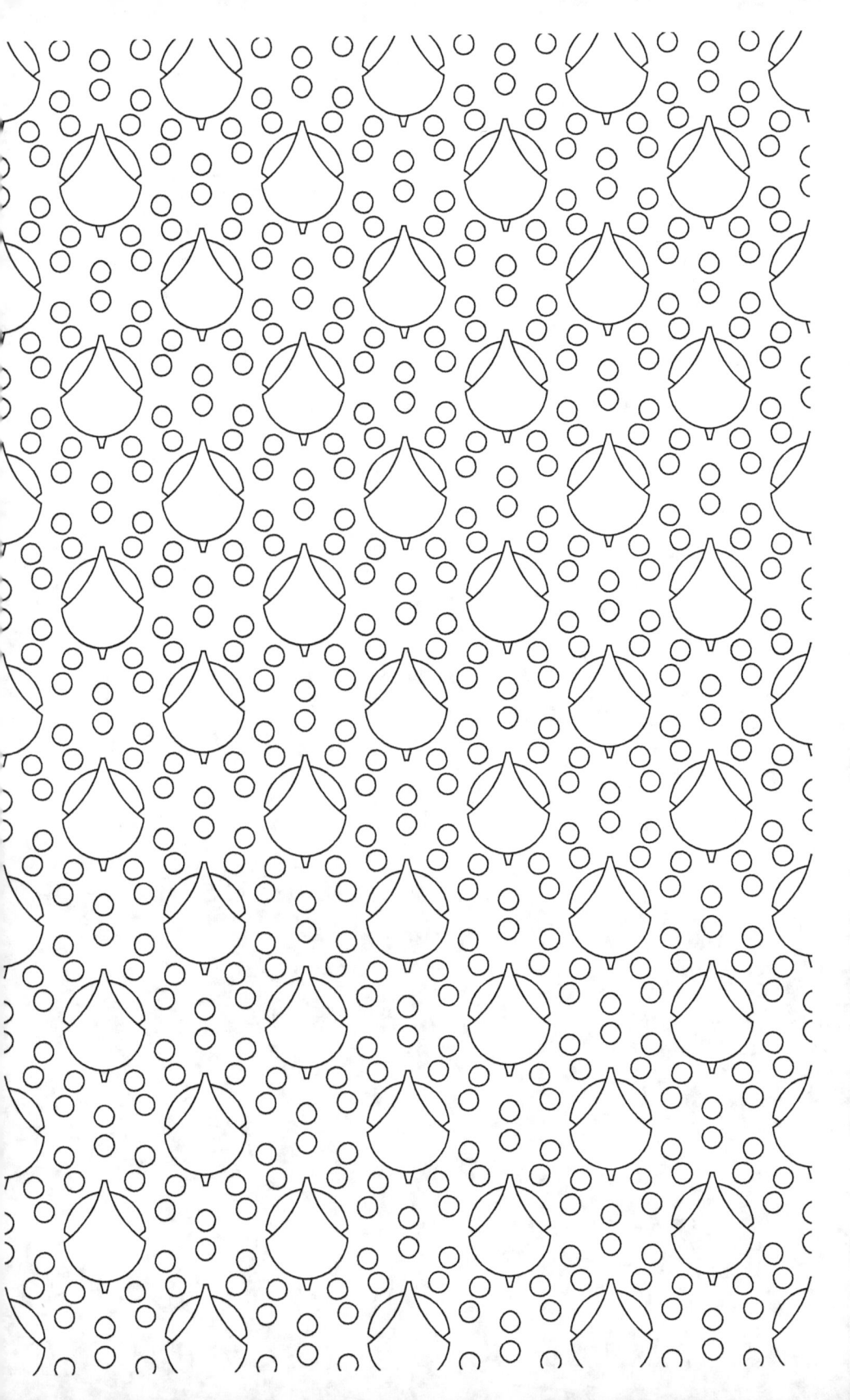

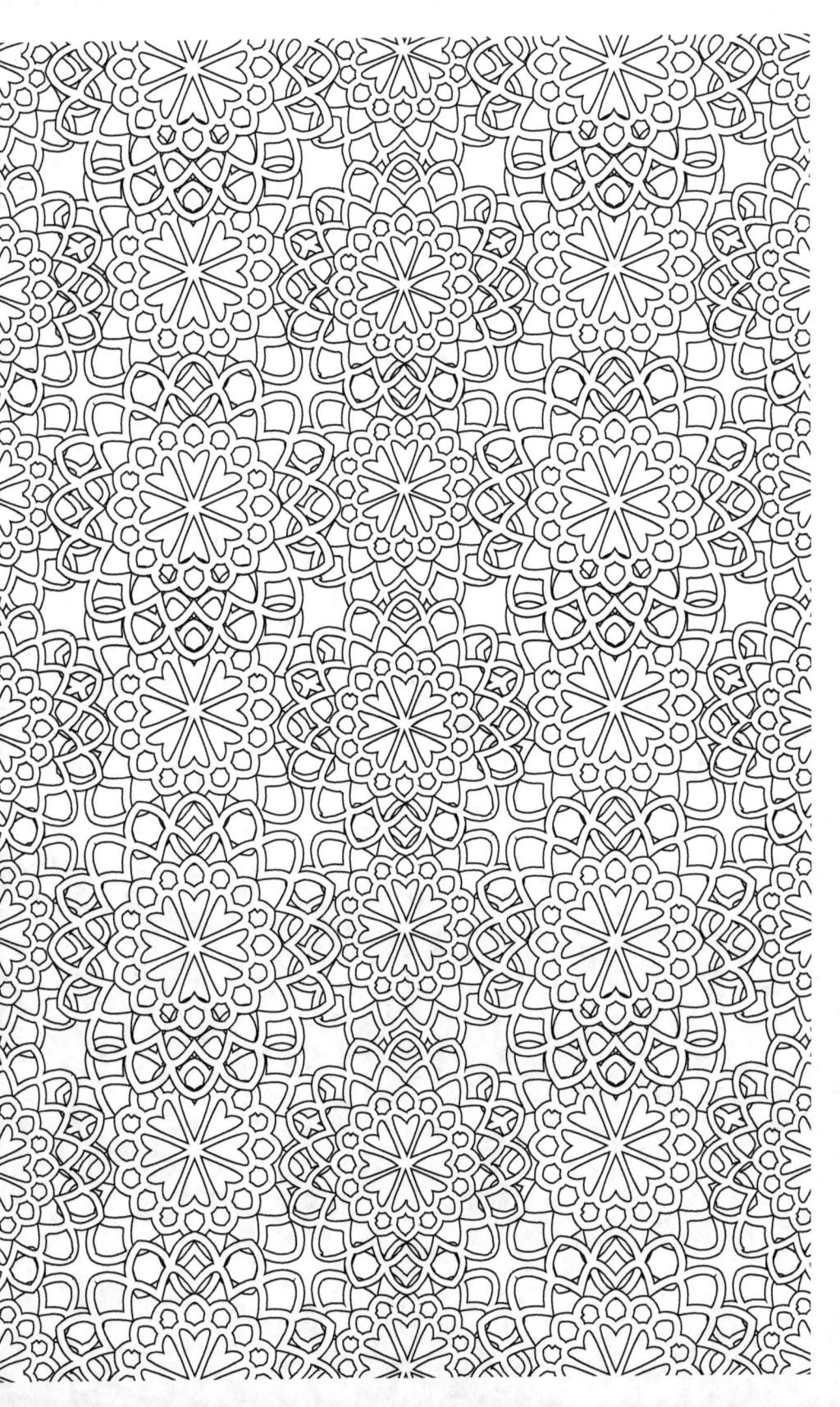

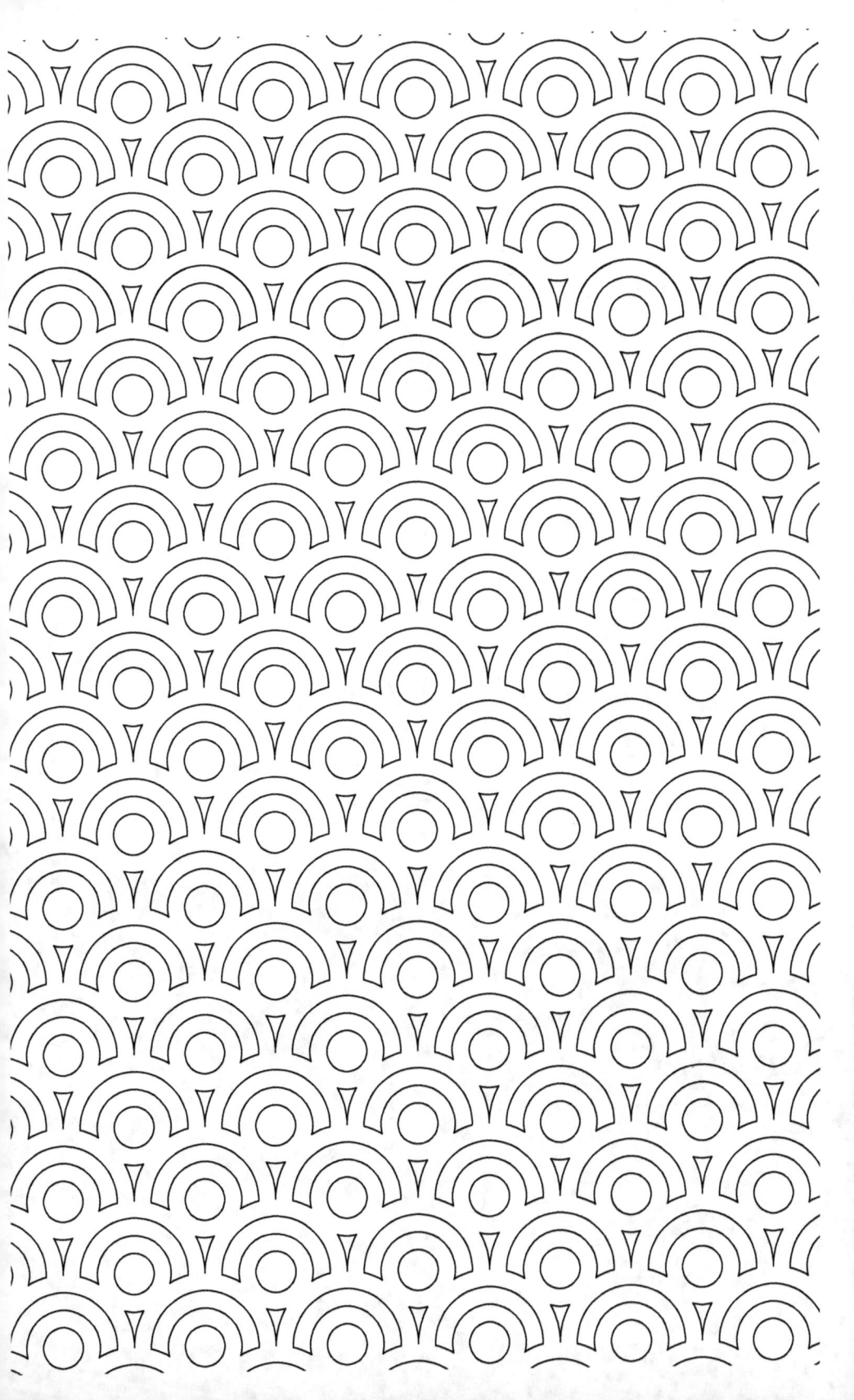

Visit

www.AdultColoringPages.net

for more coloring goodness

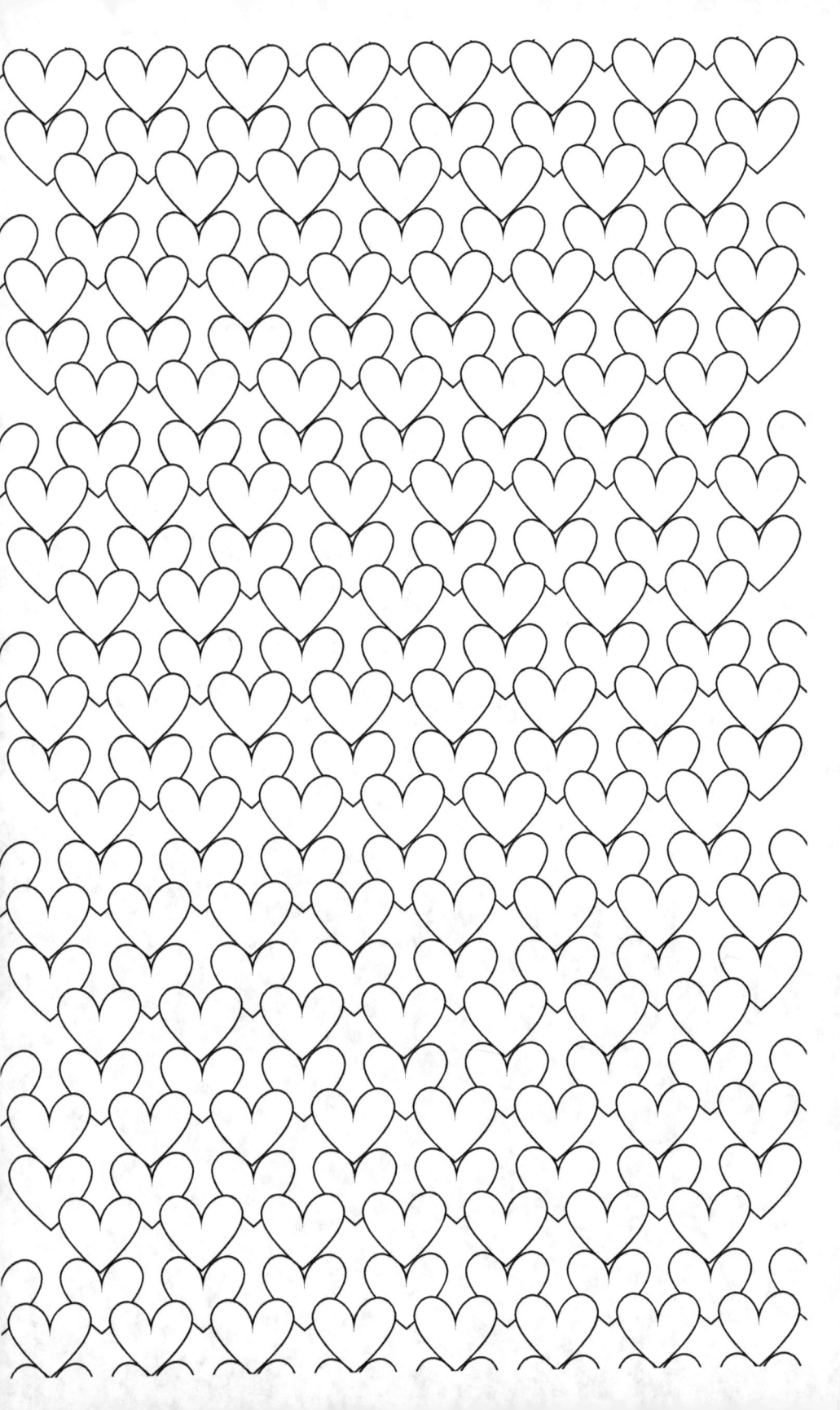

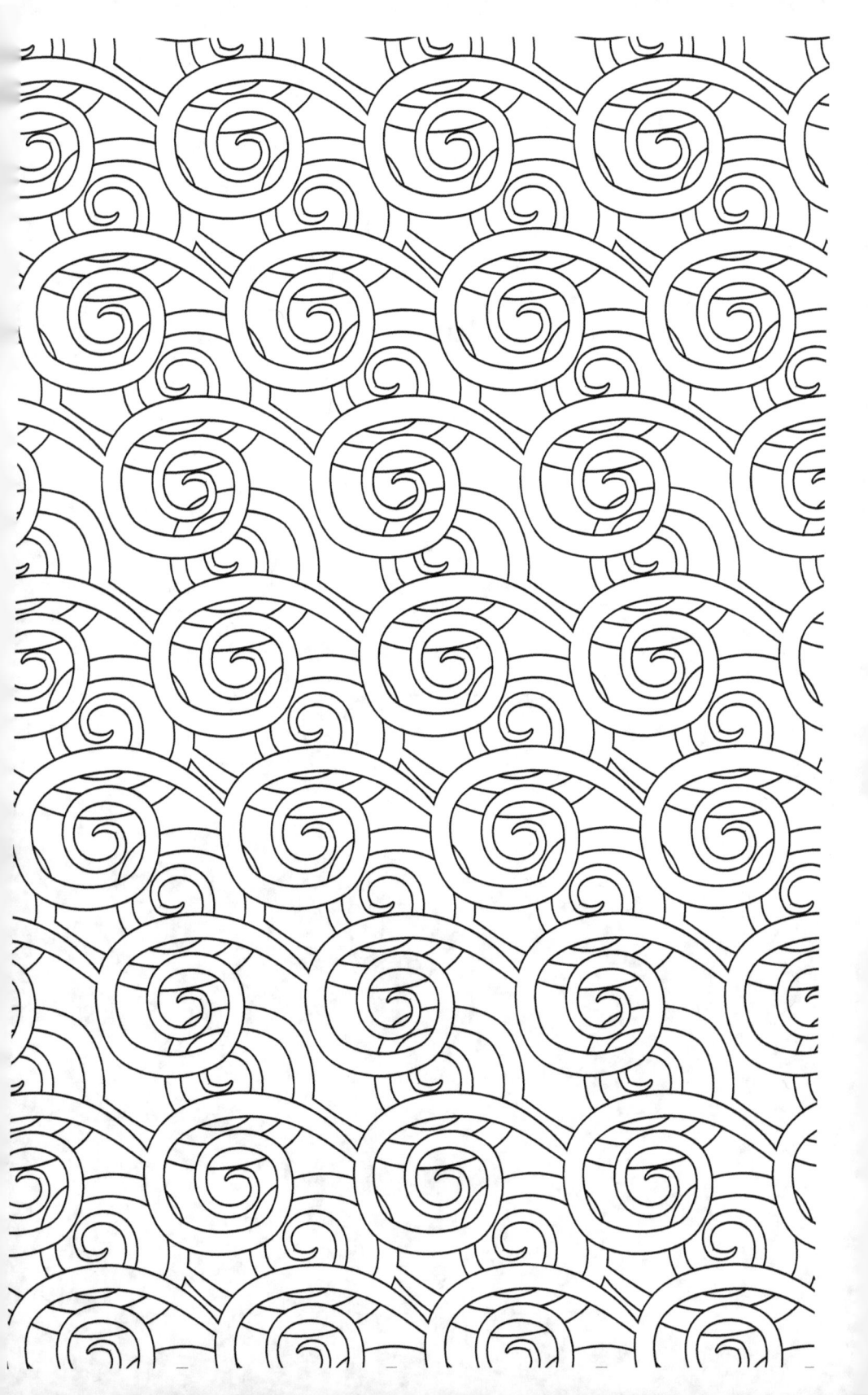

Visit

www.AdultColoringPages.net

for more coloring goodness

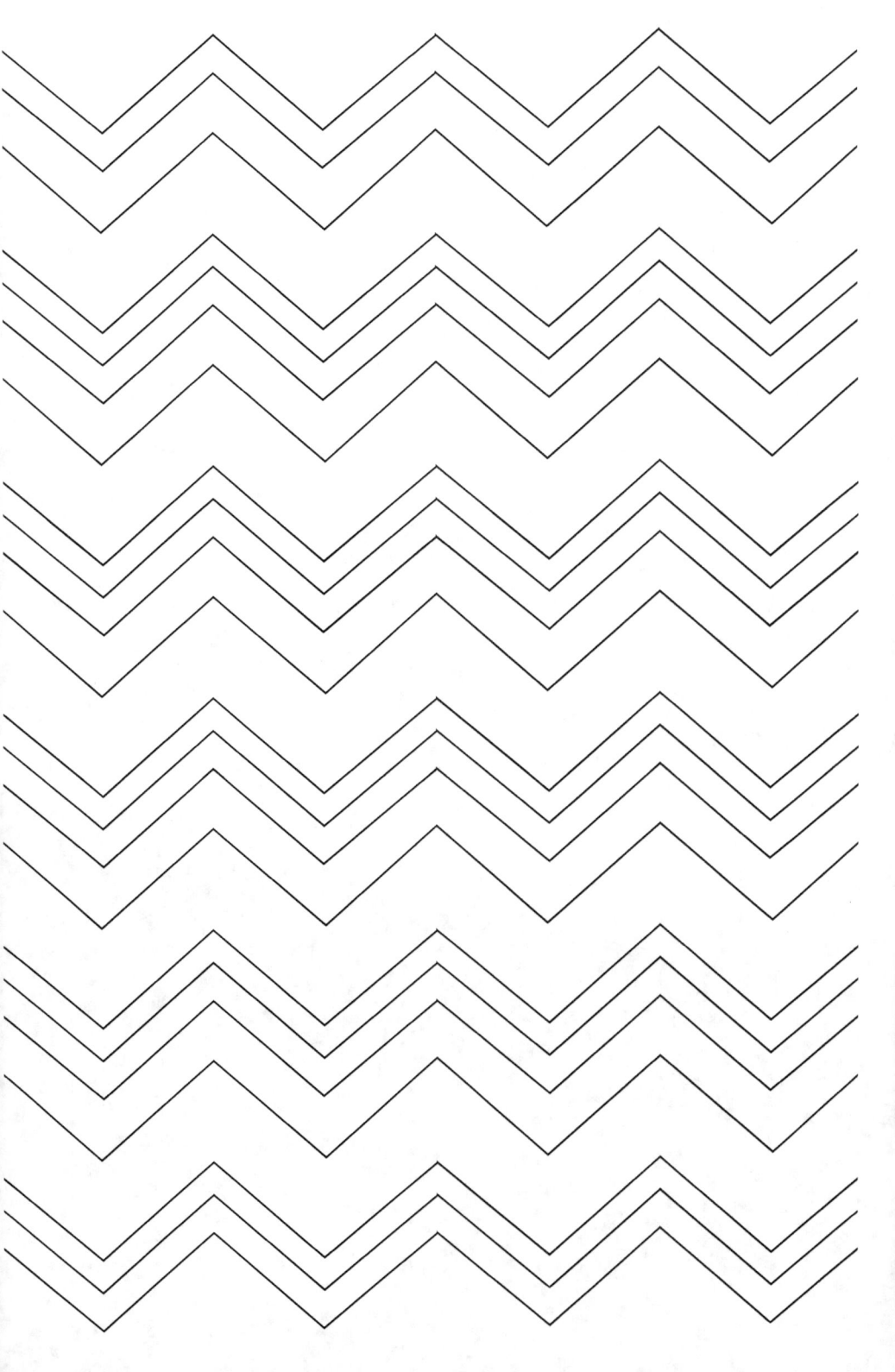

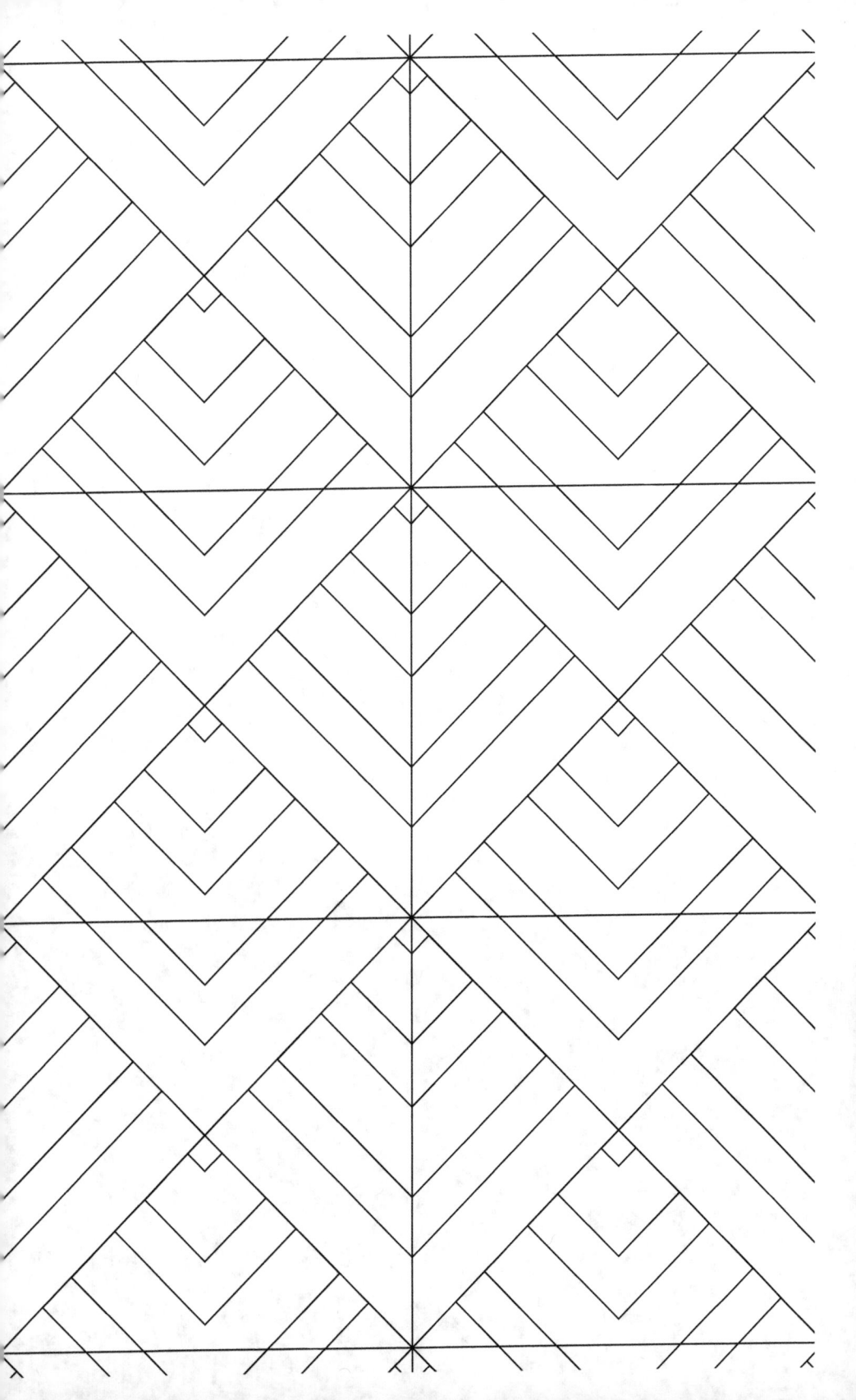

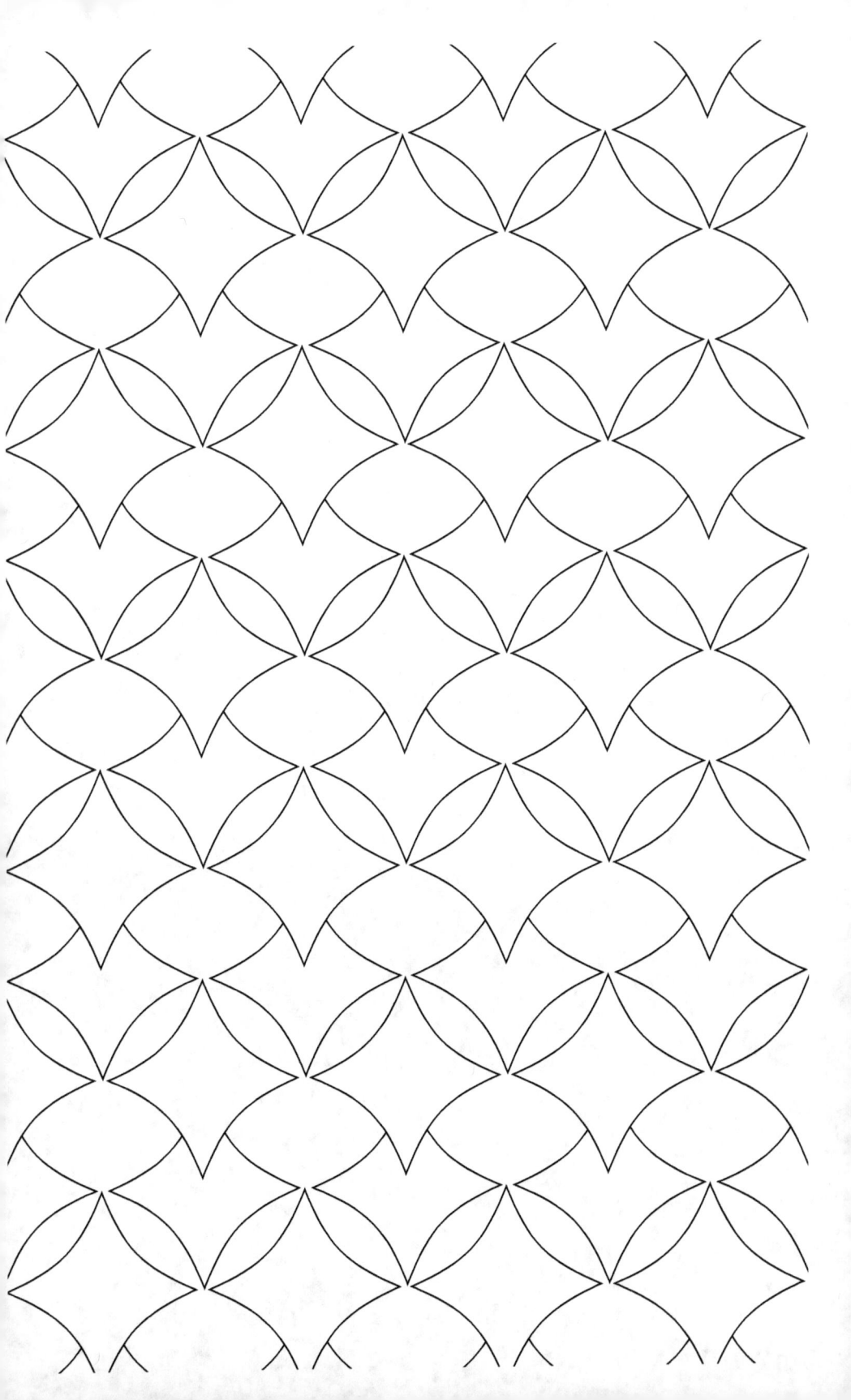

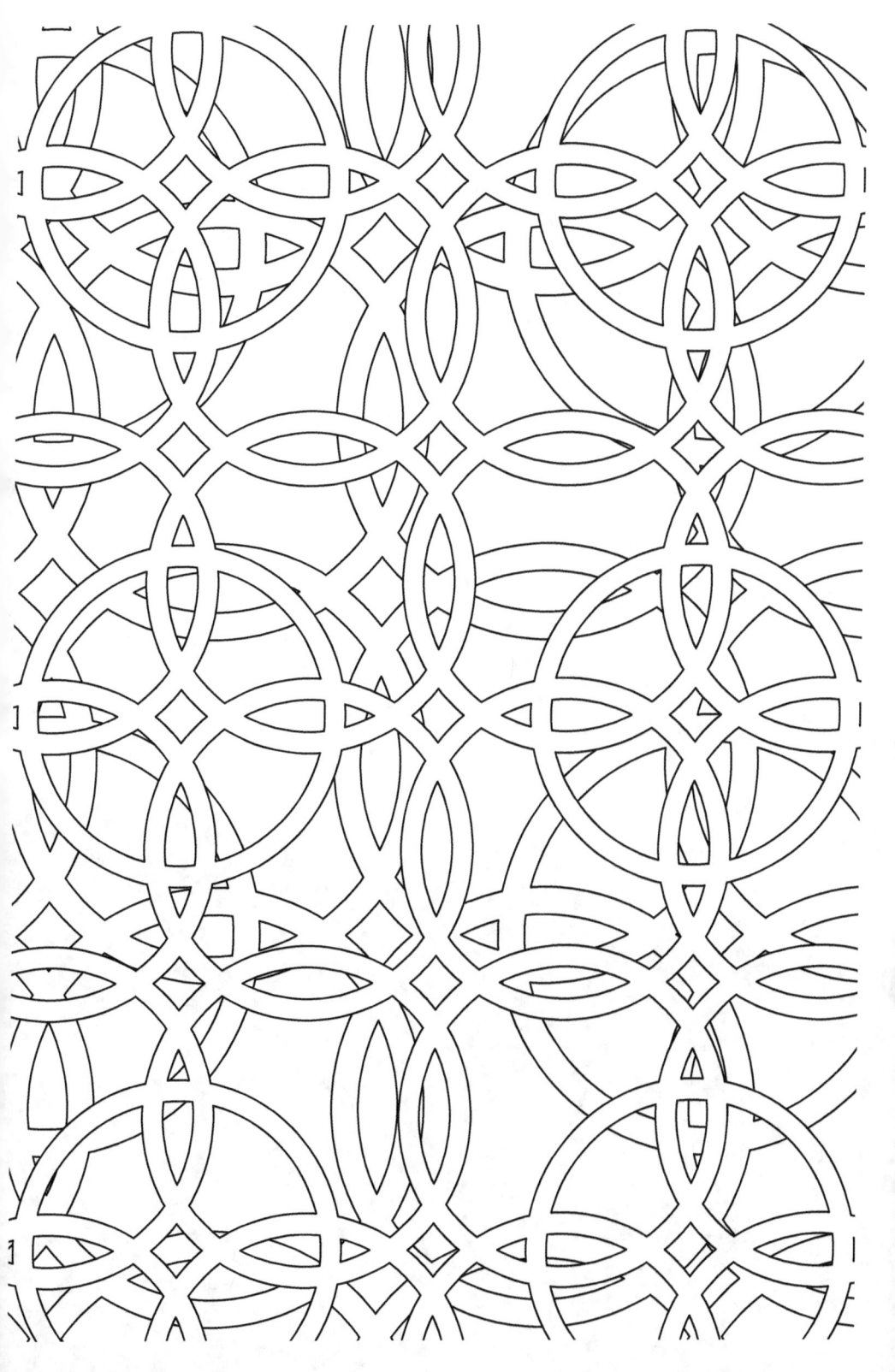

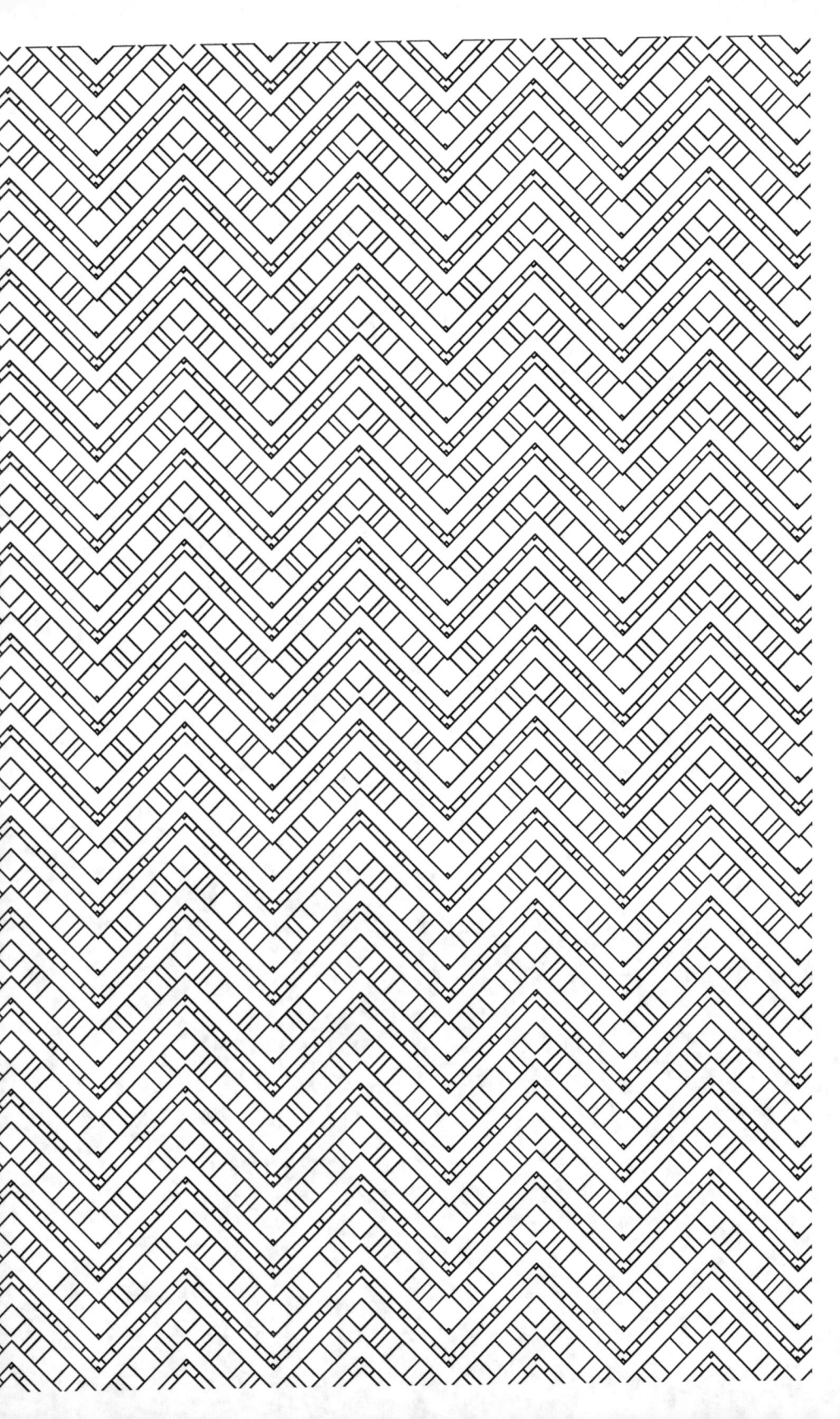

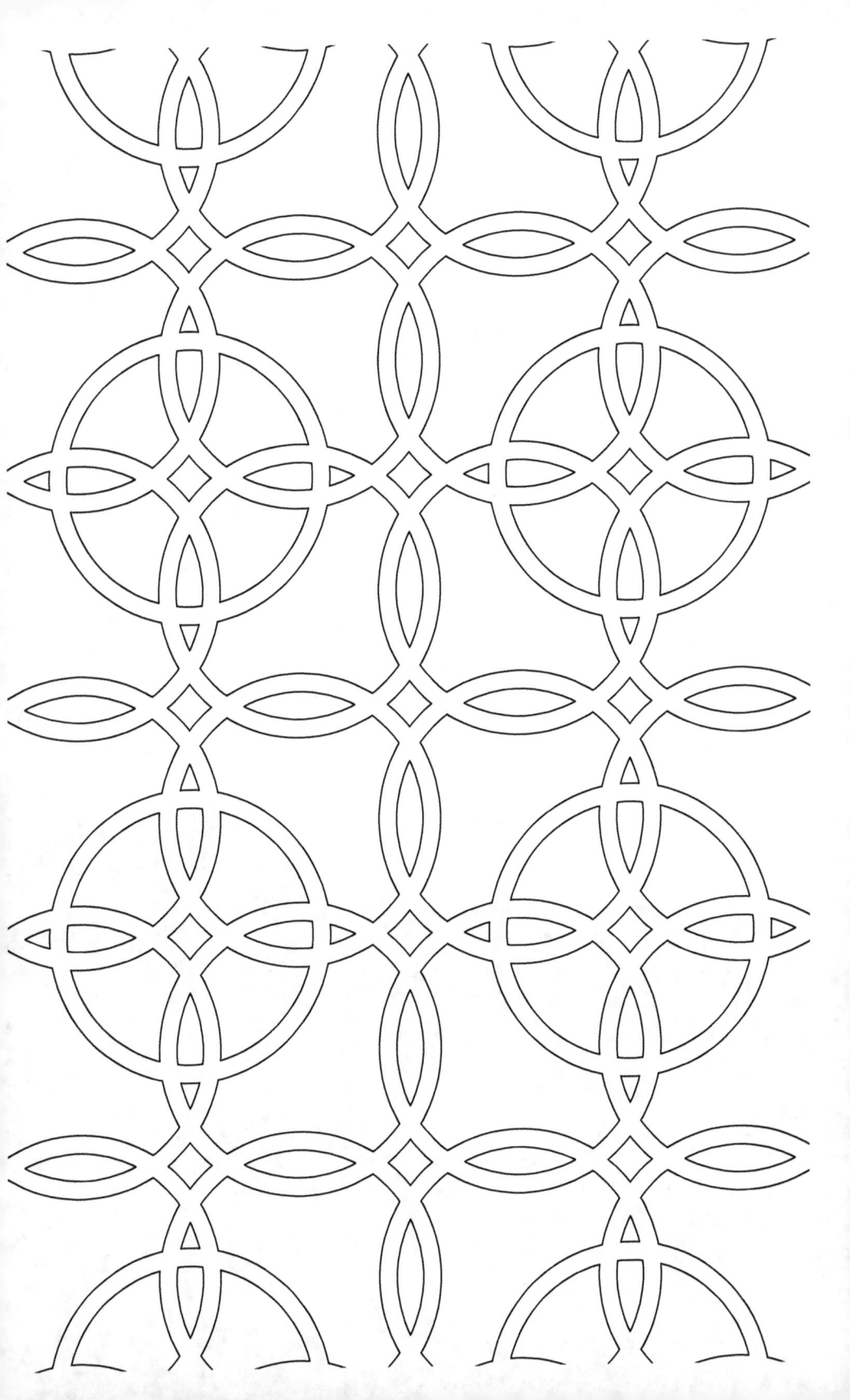

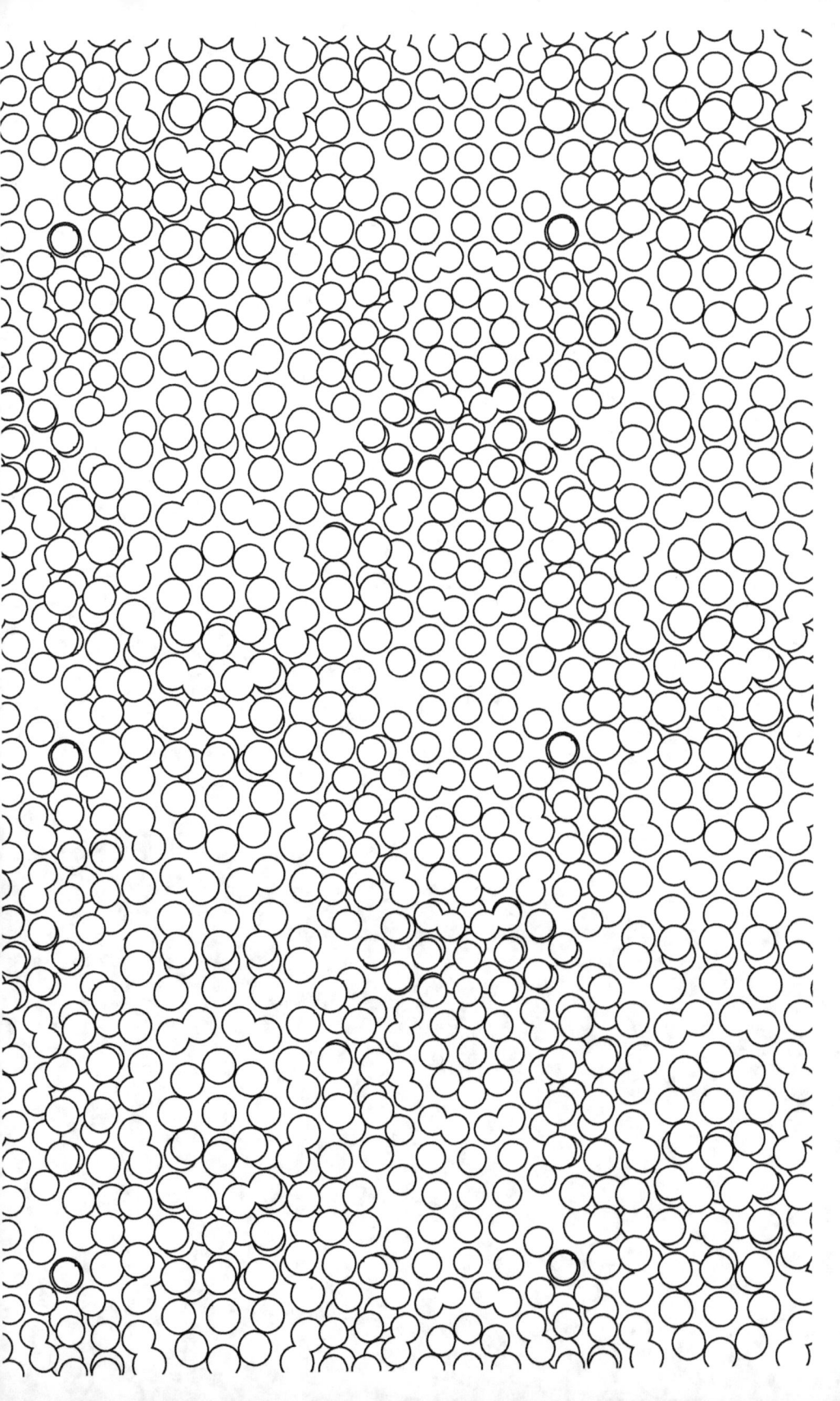

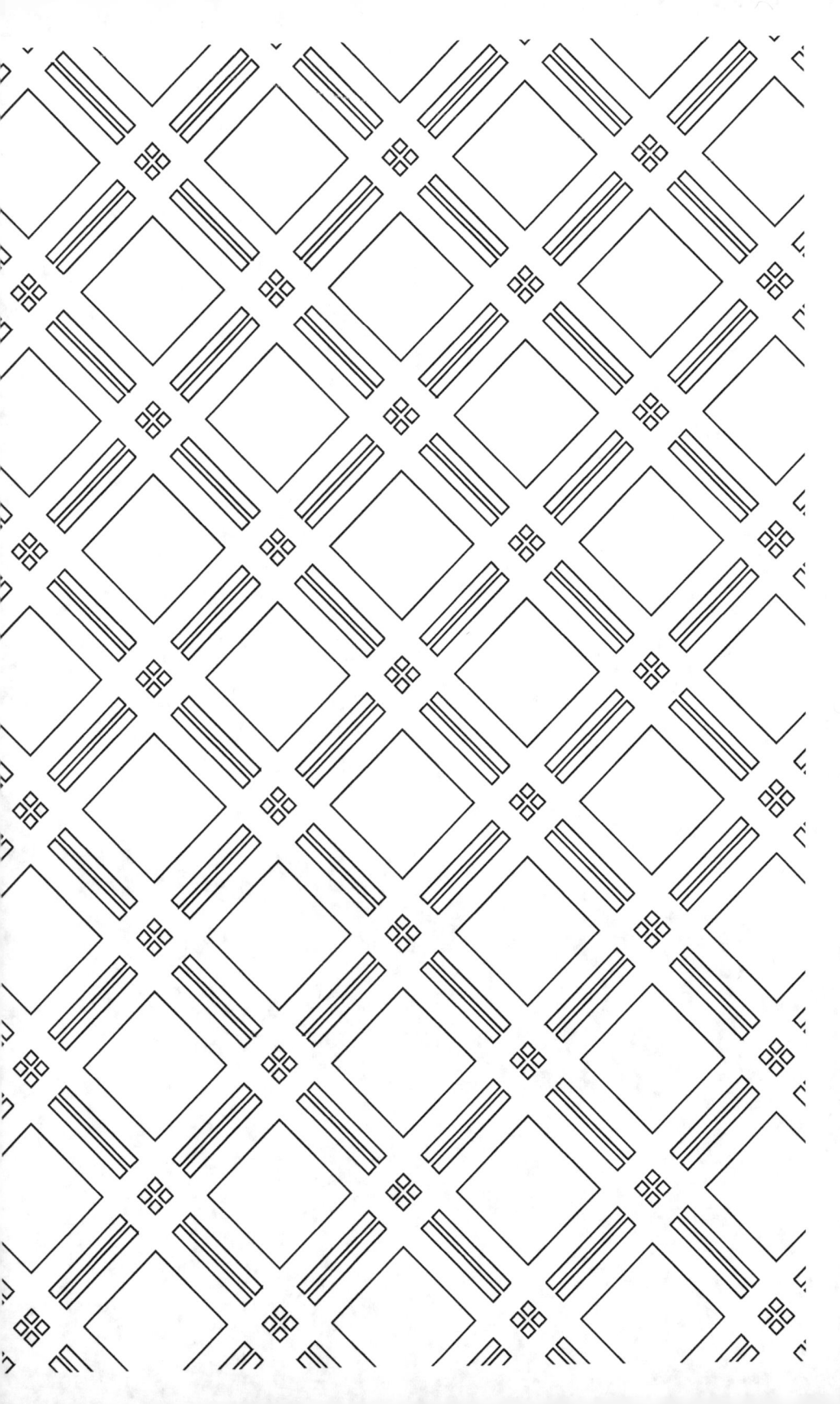

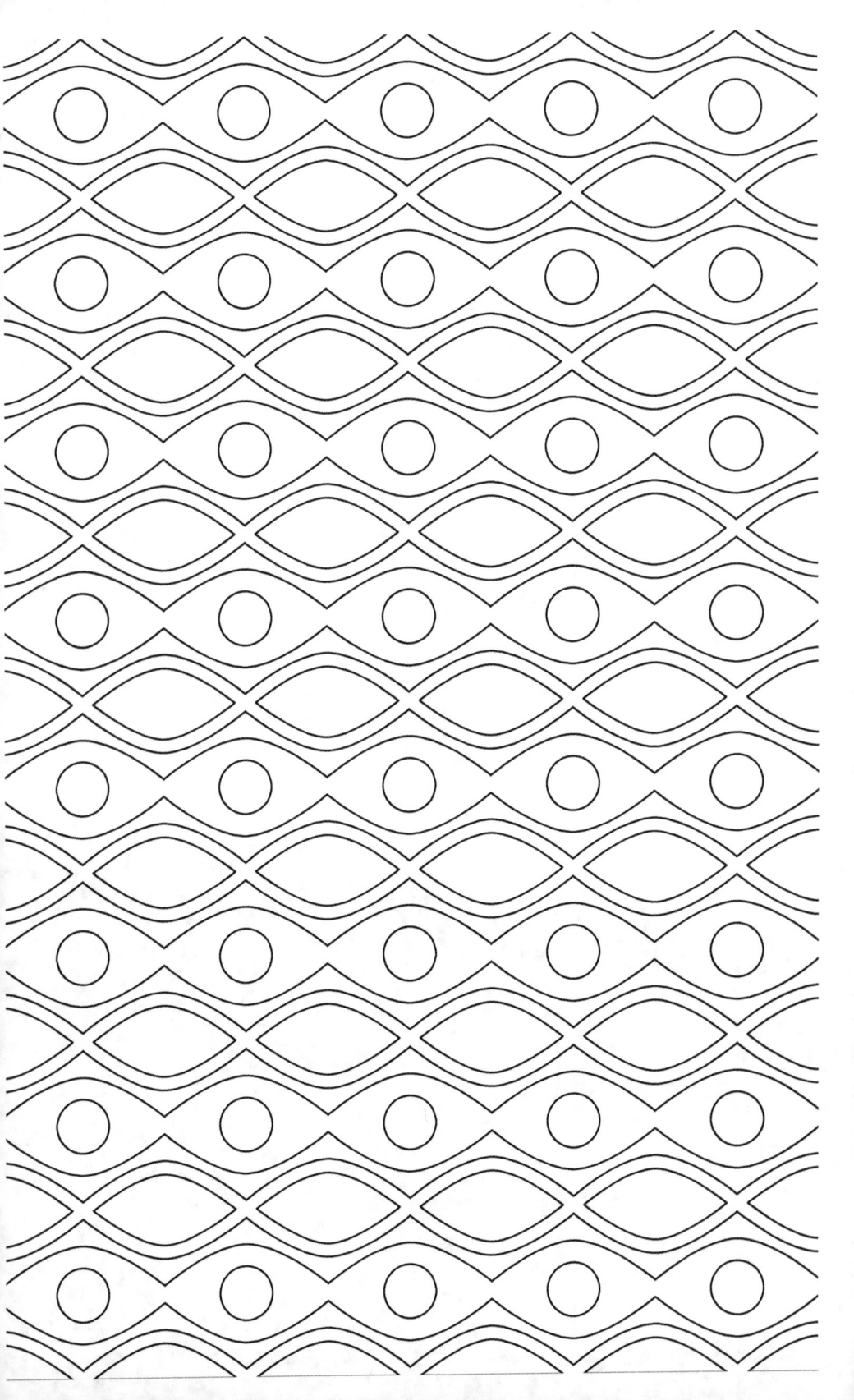

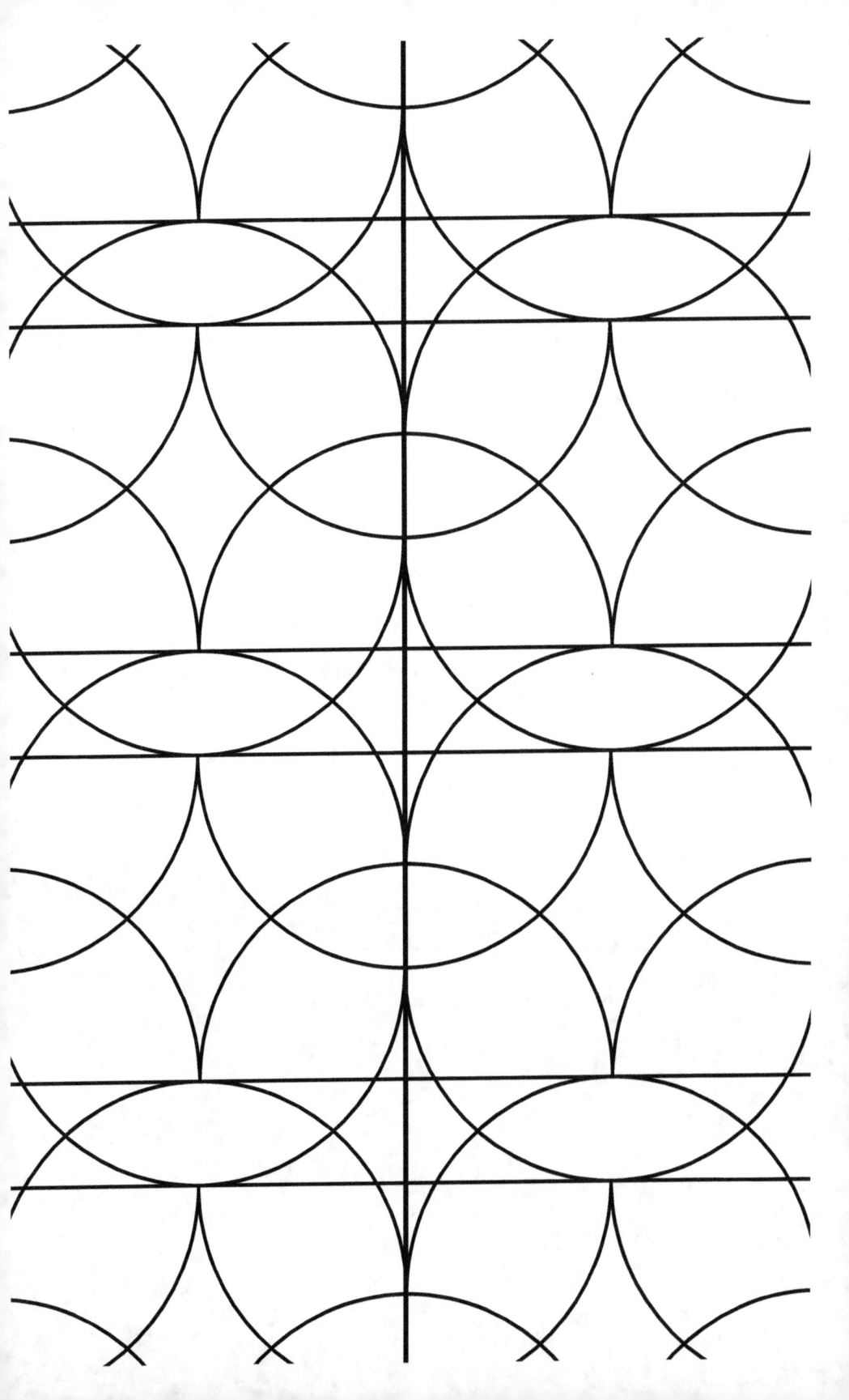

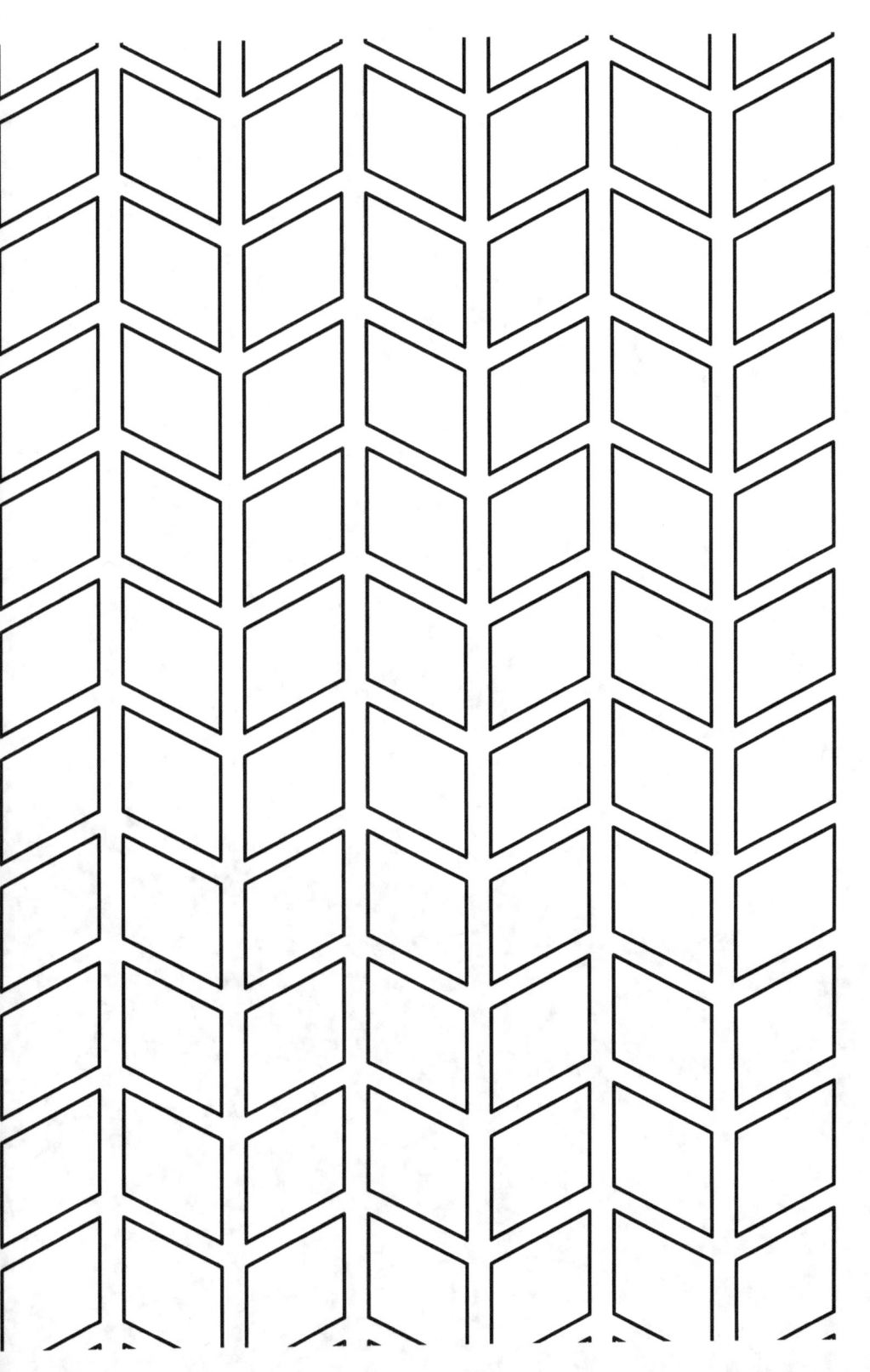

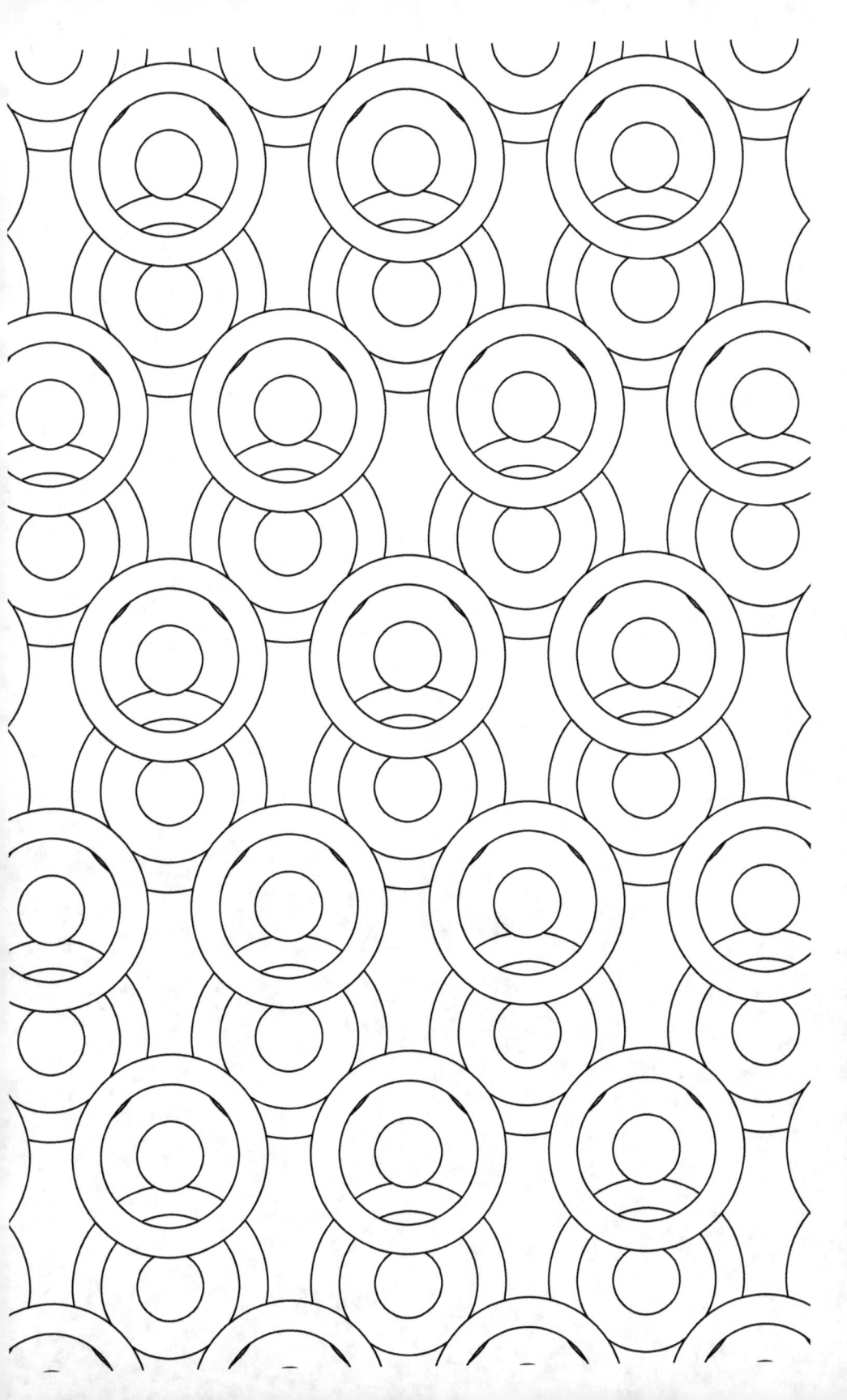

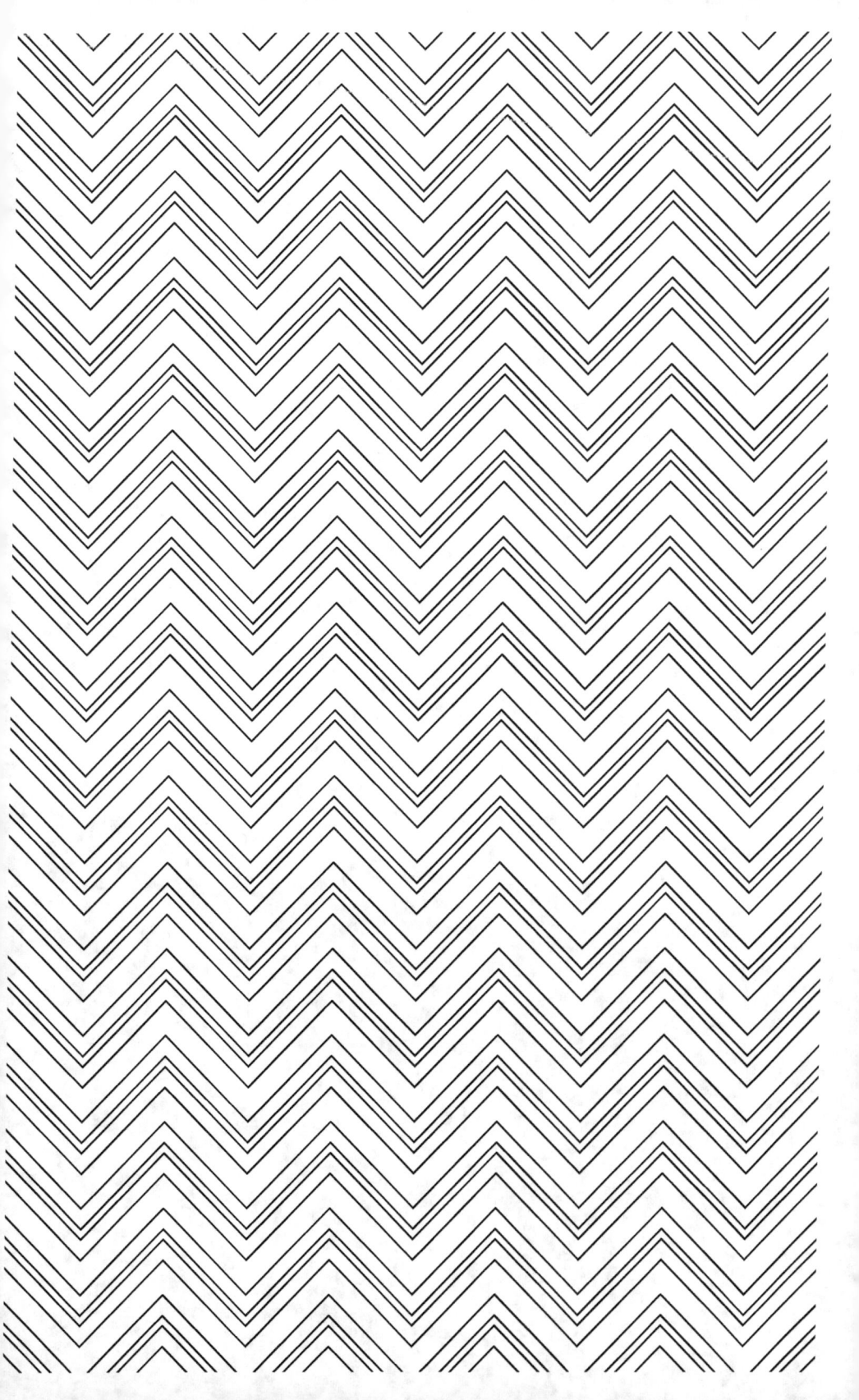

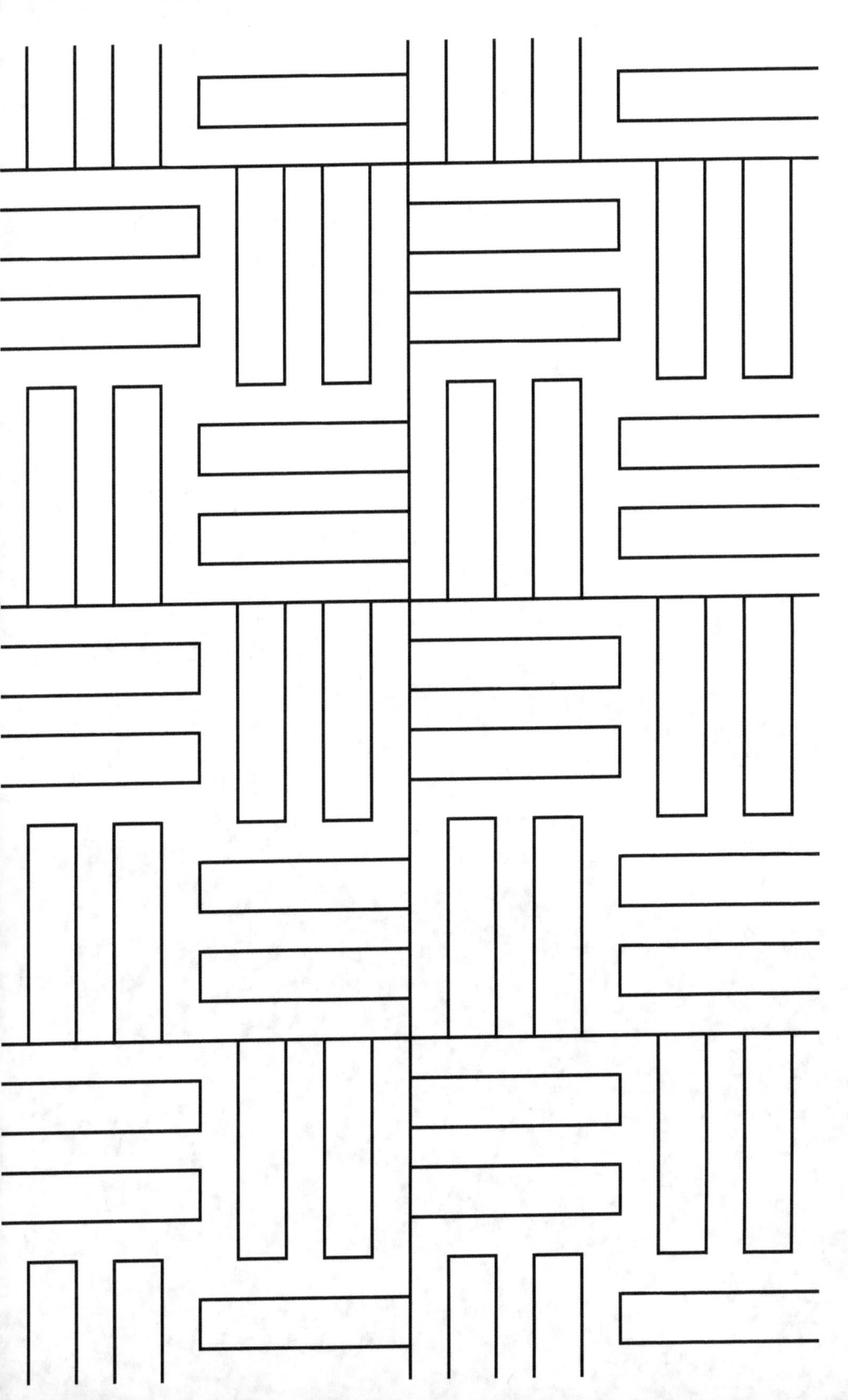

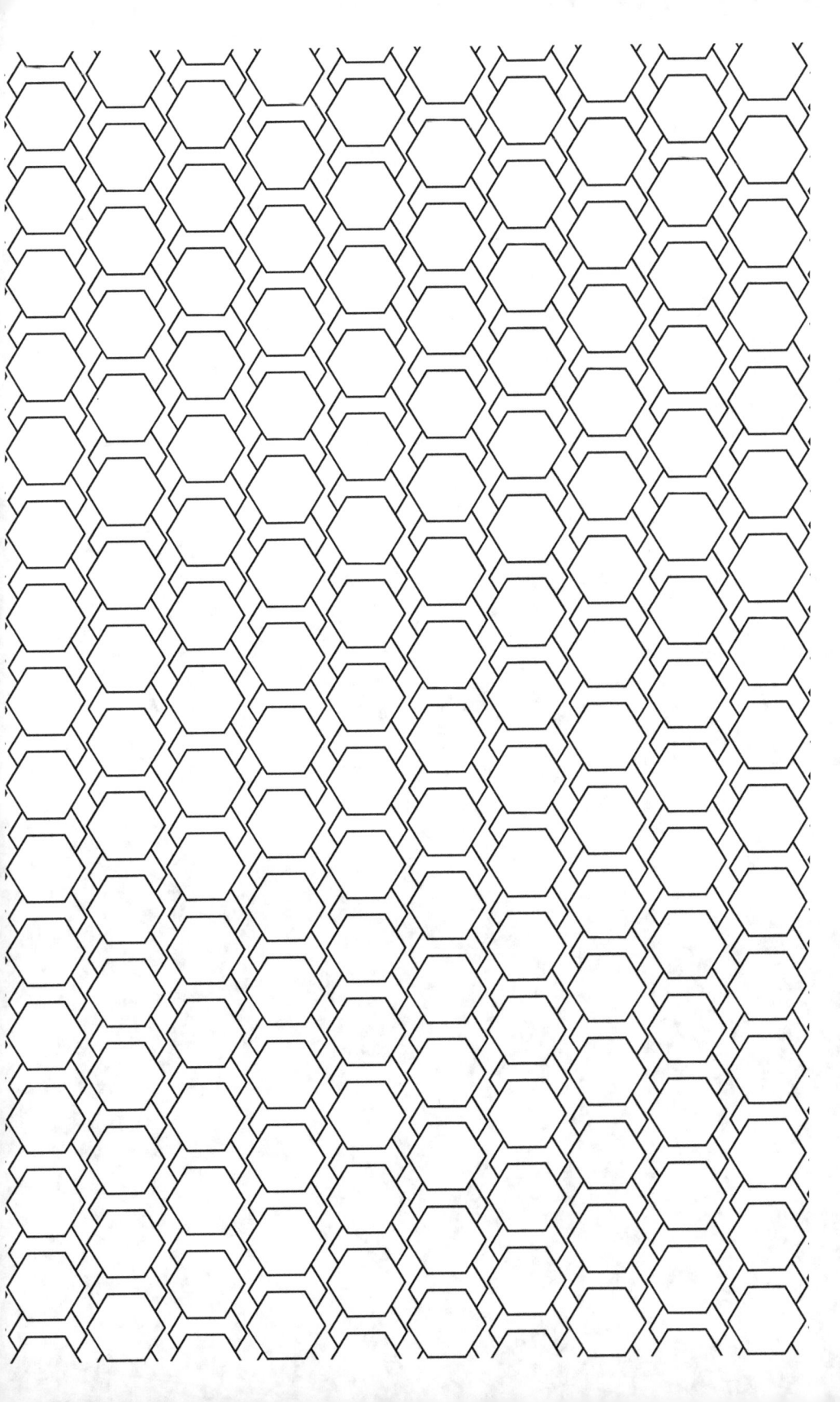

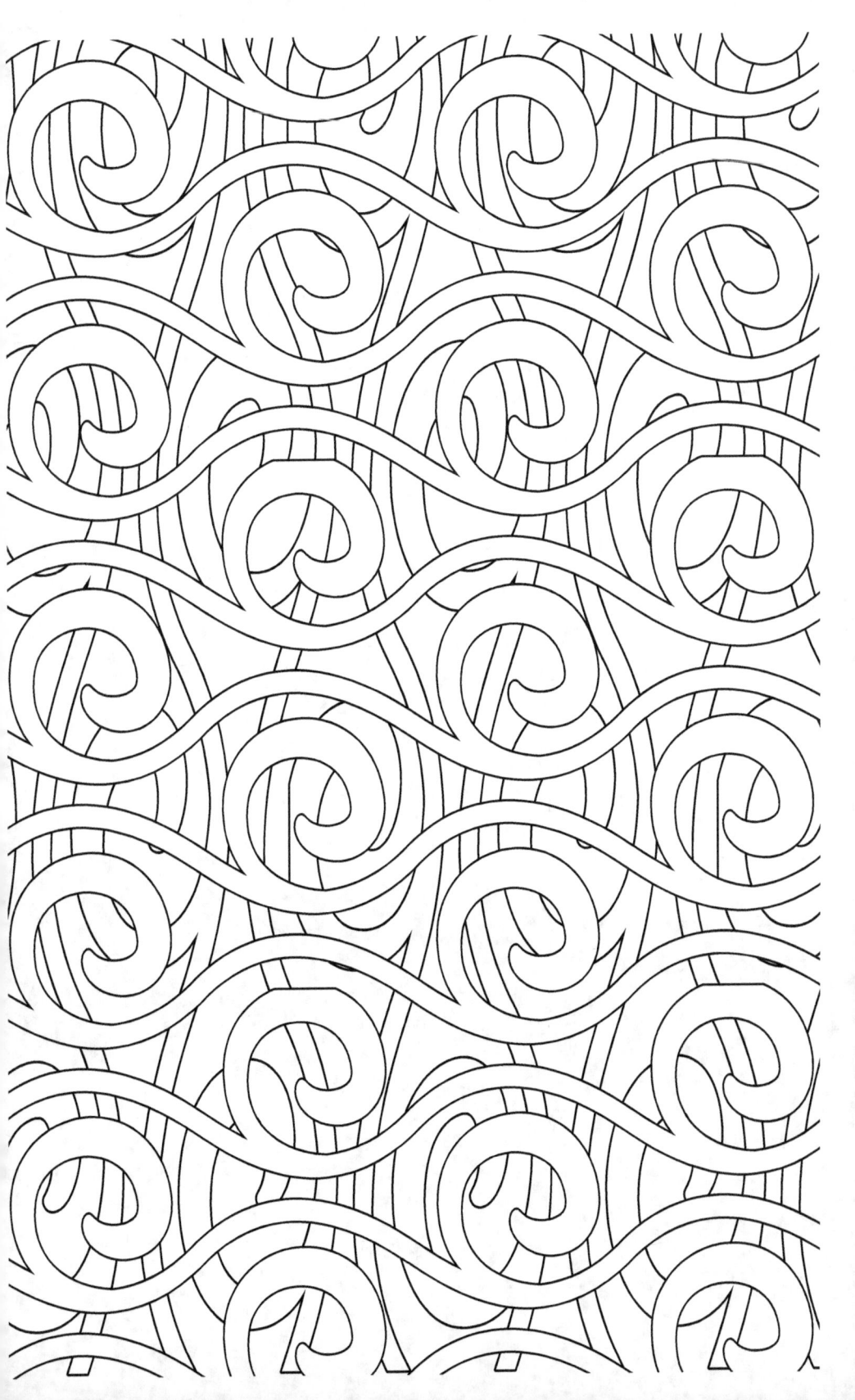

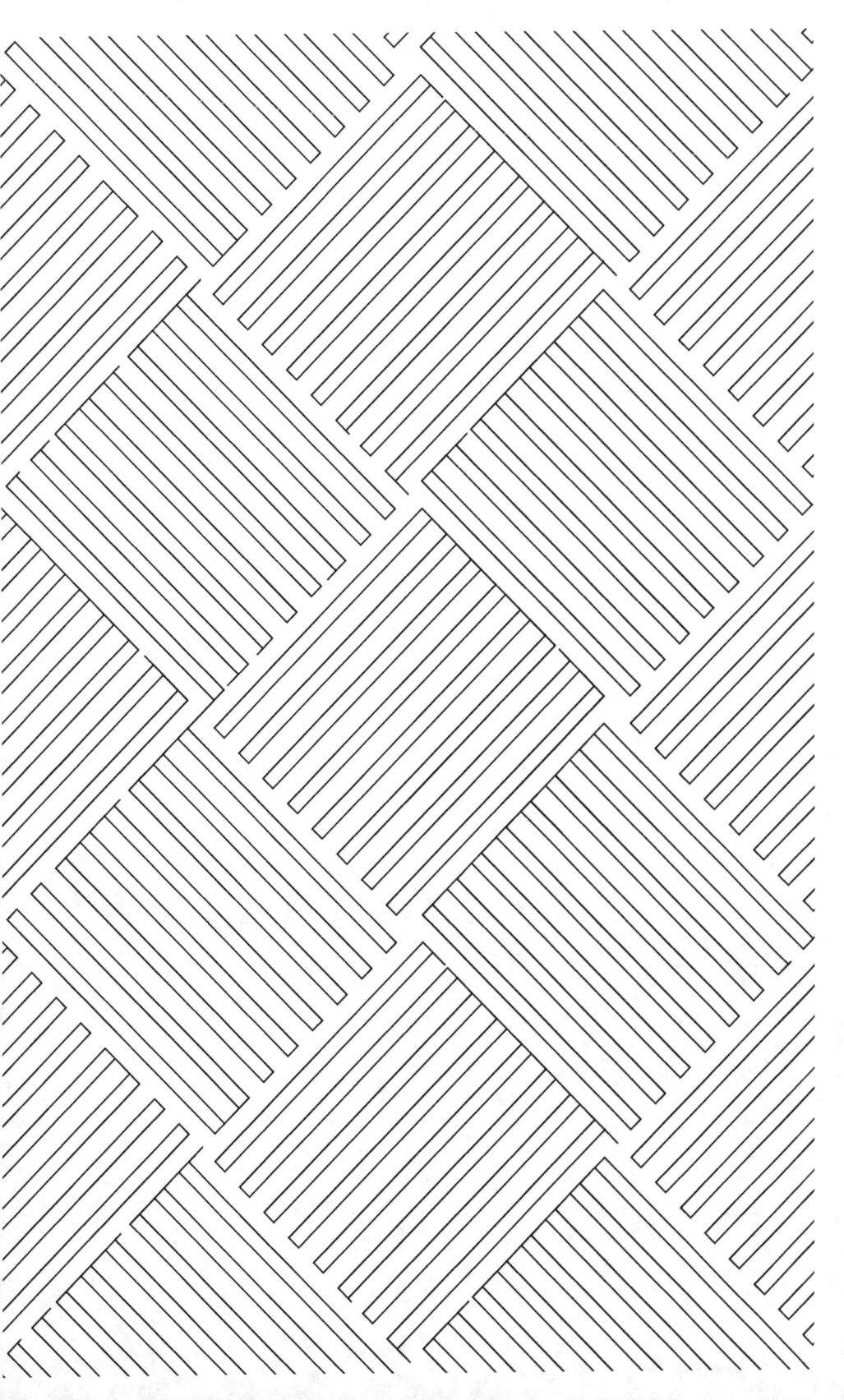

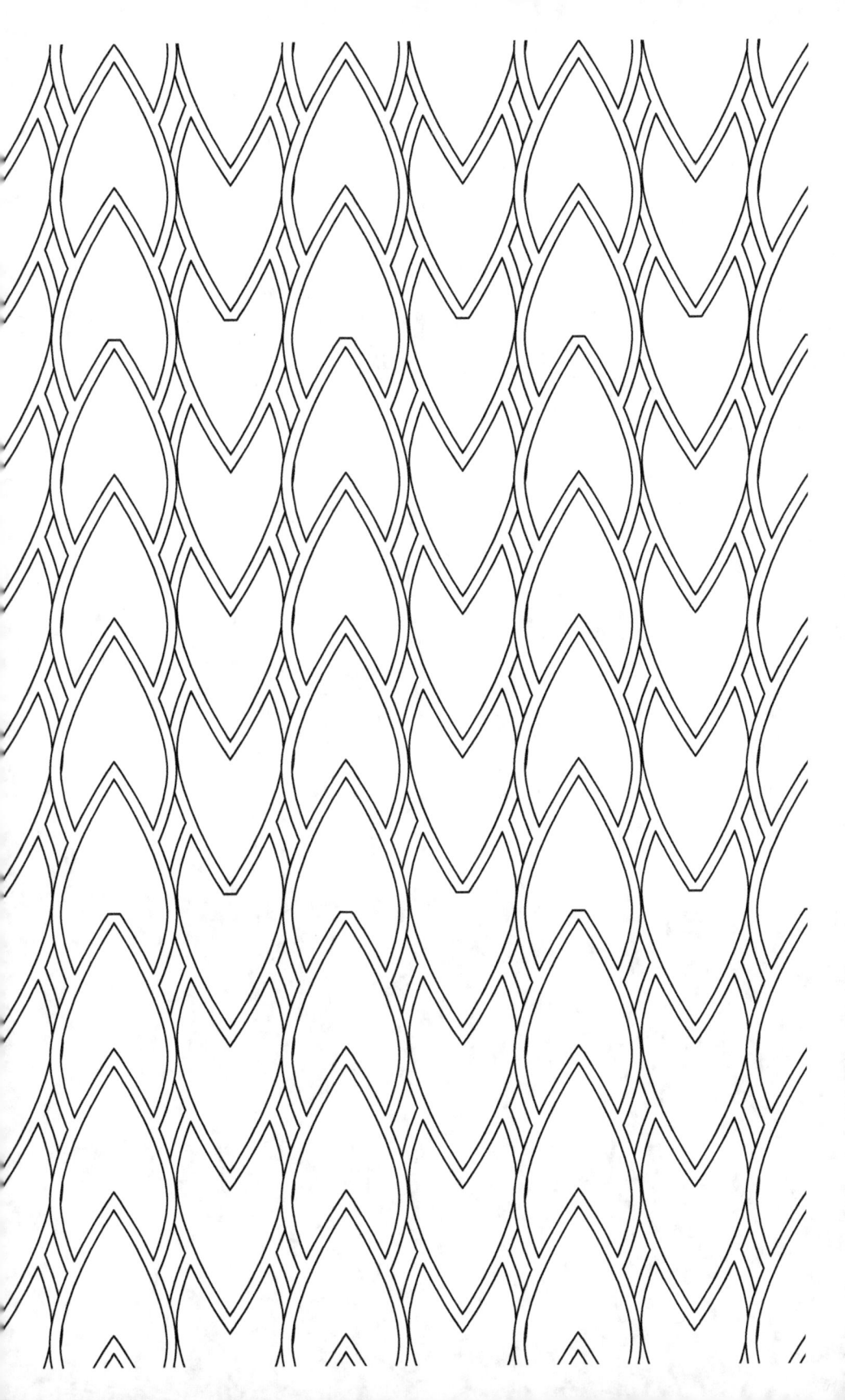

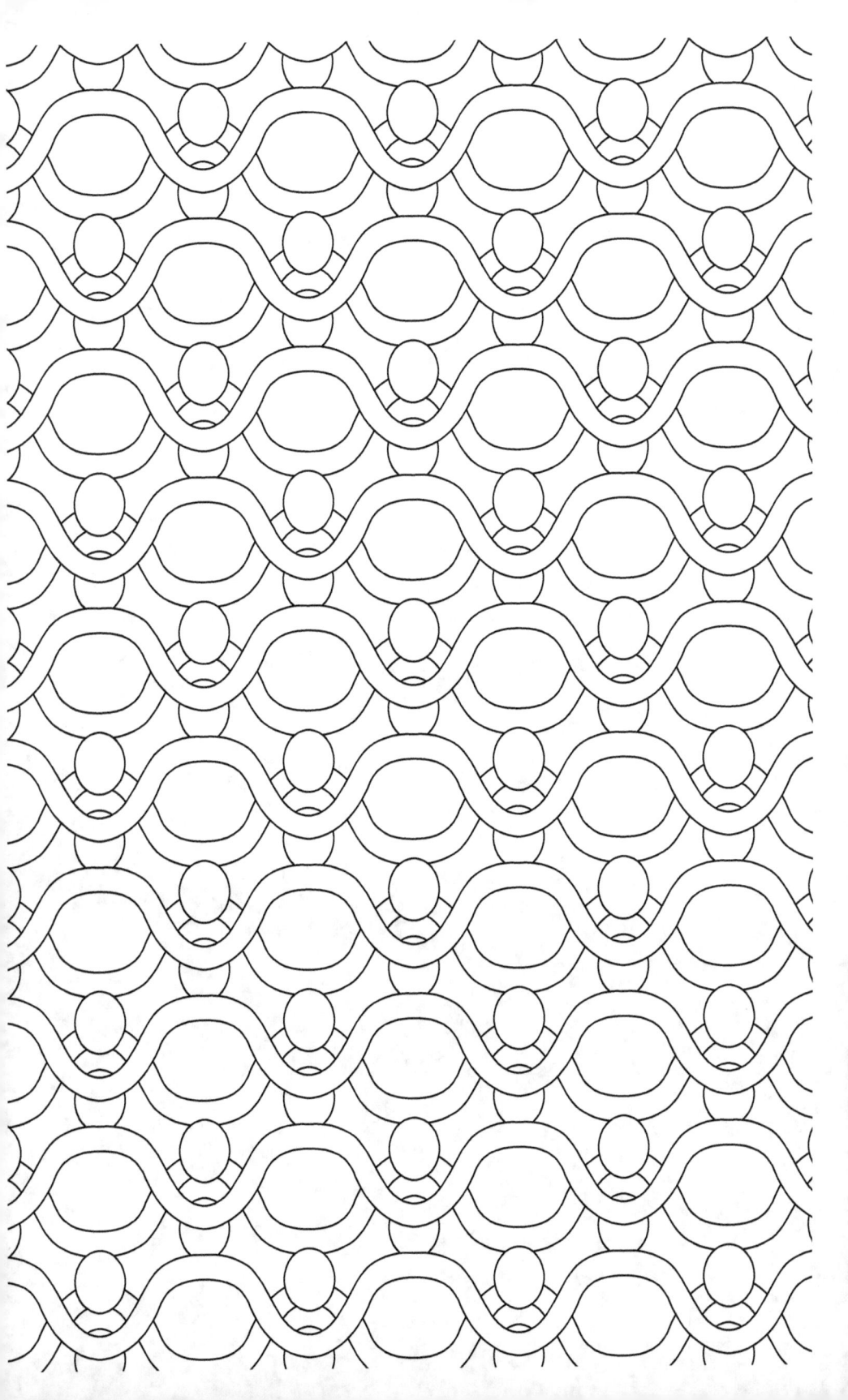

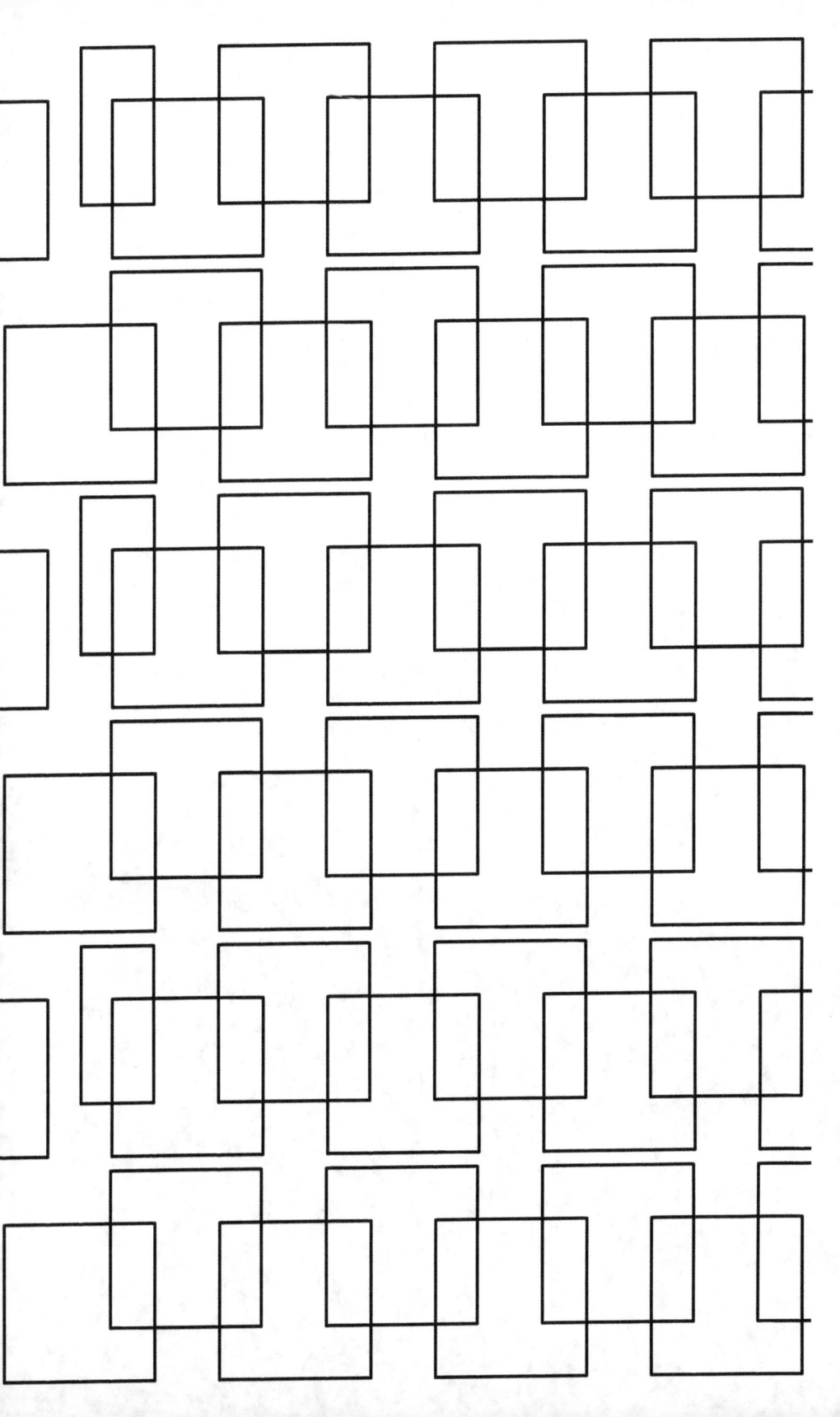

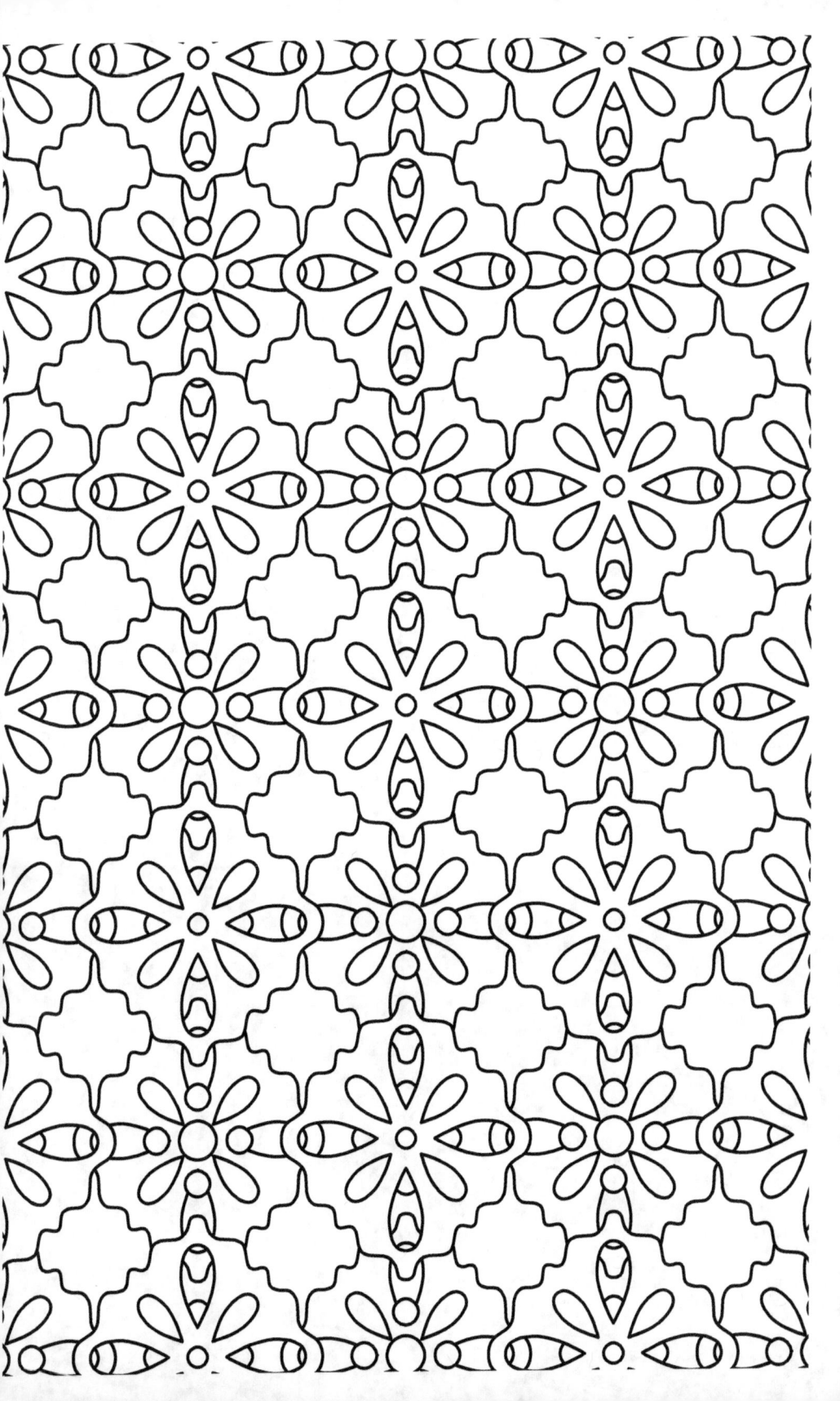

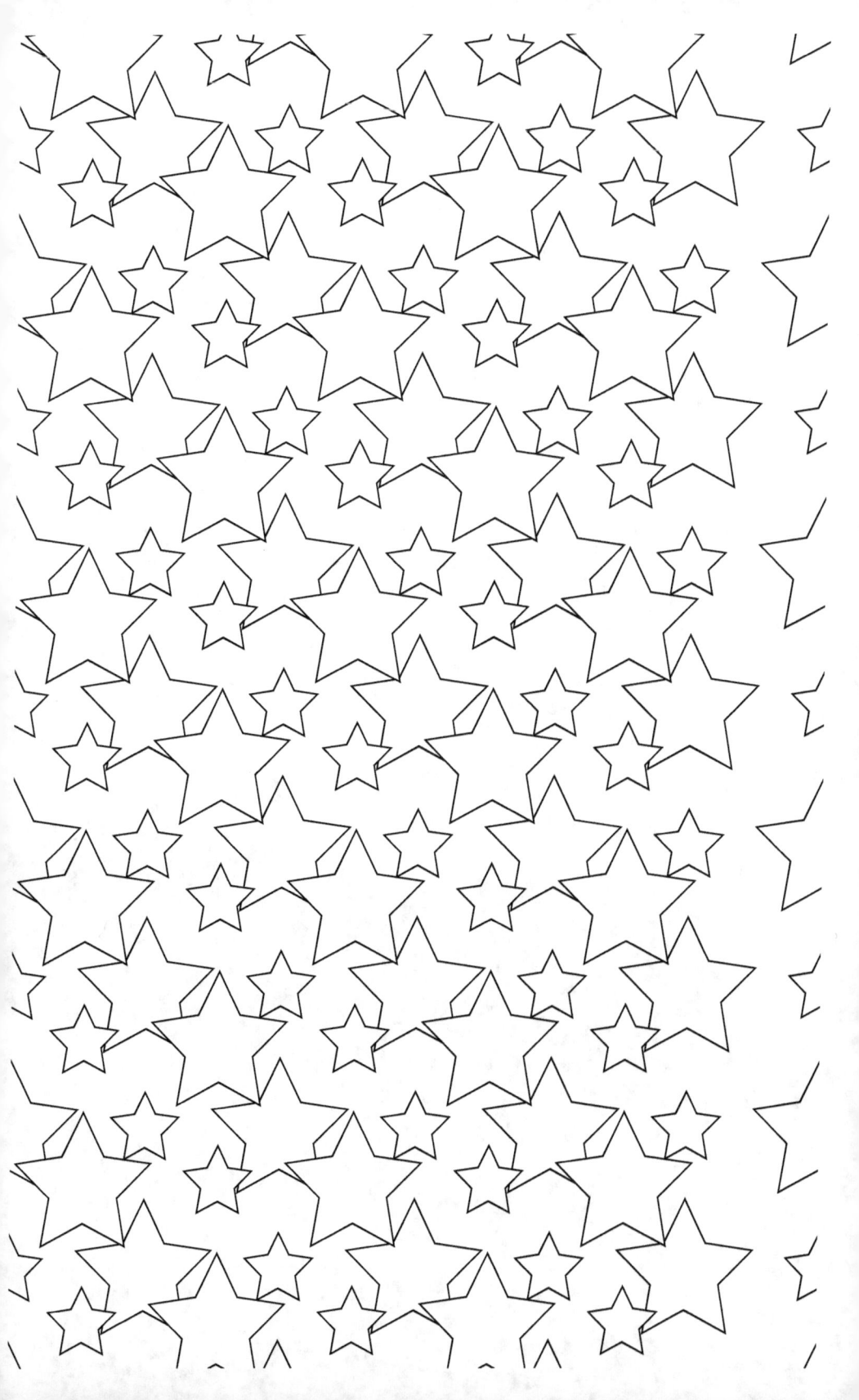

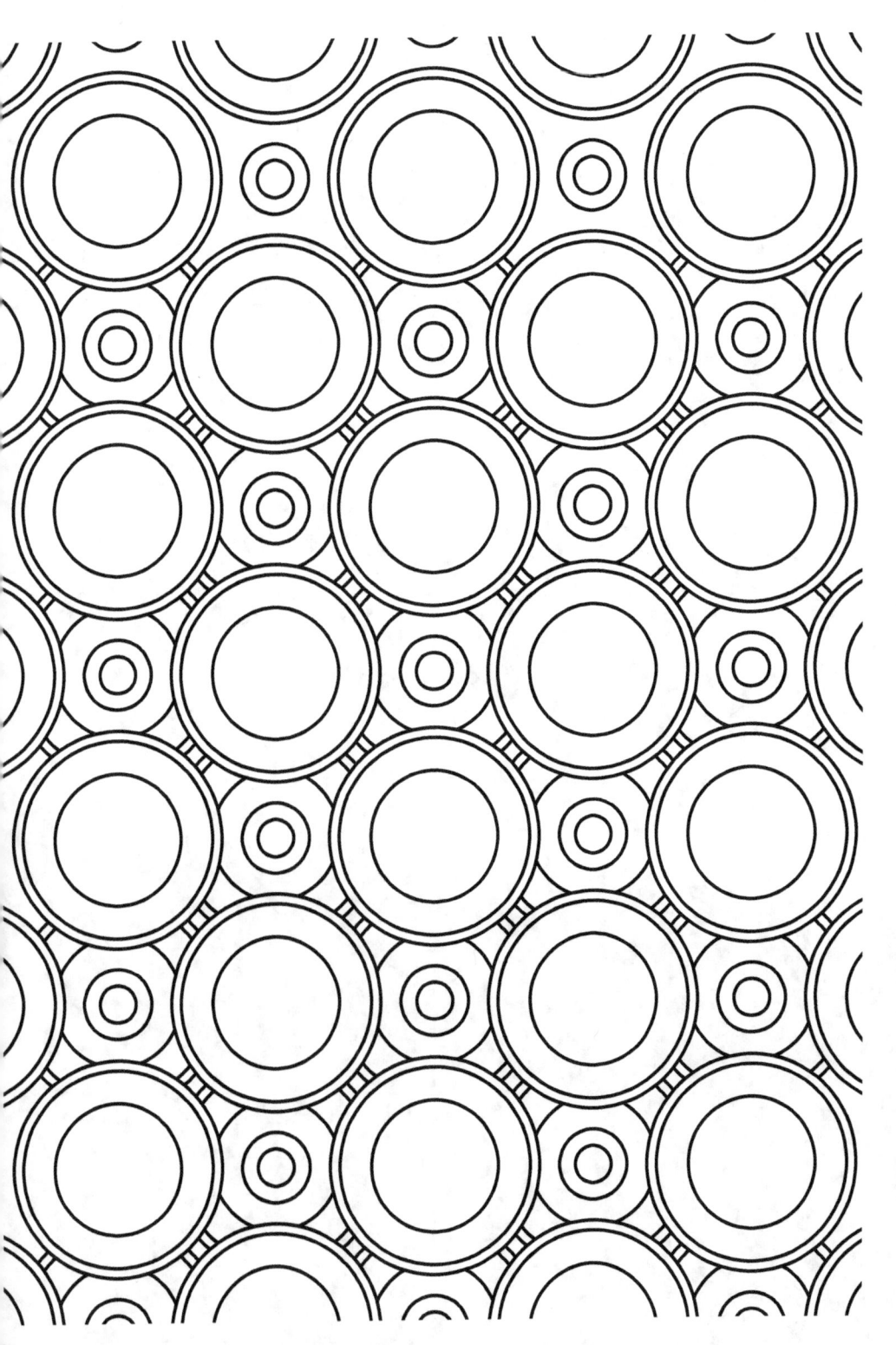

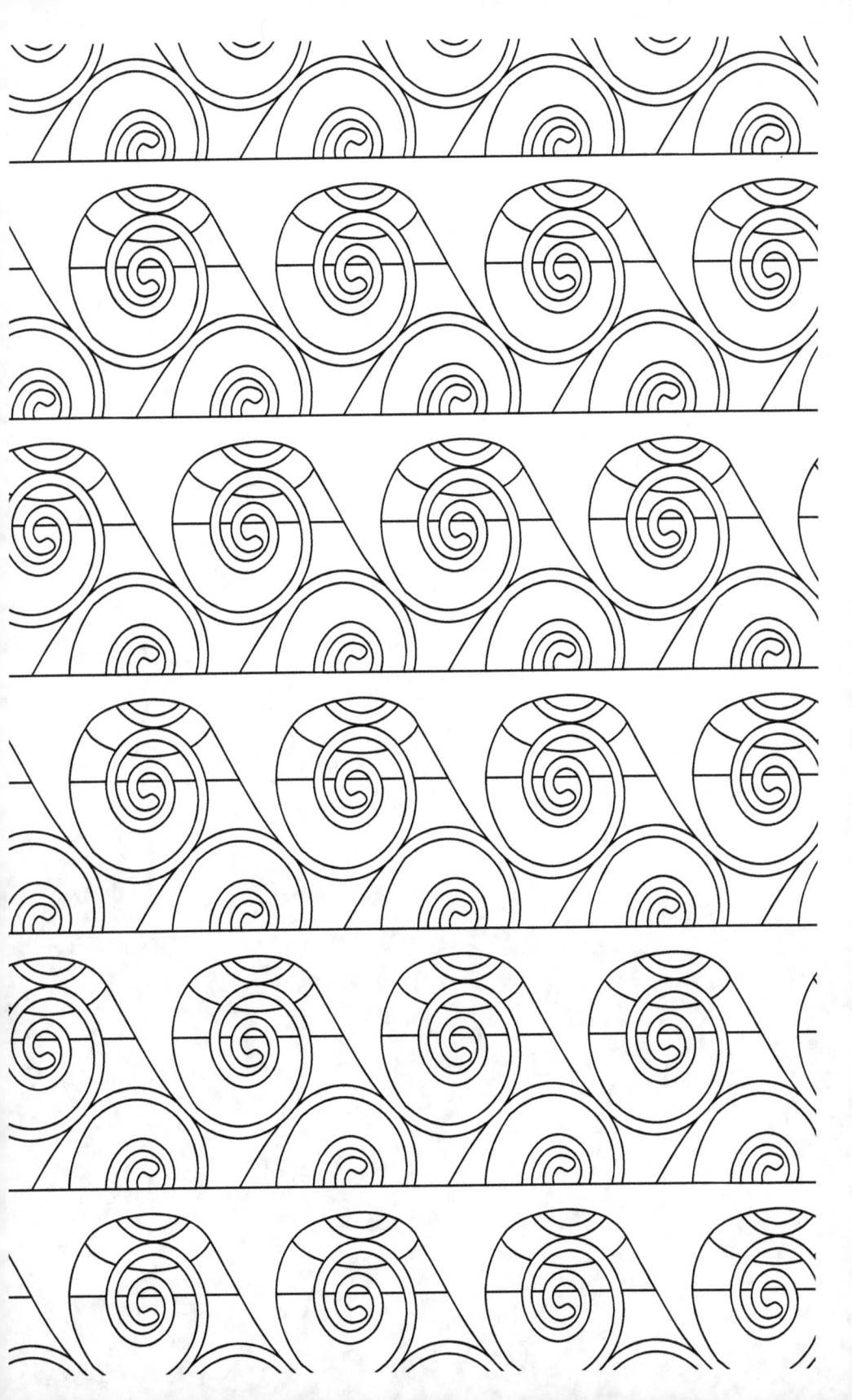

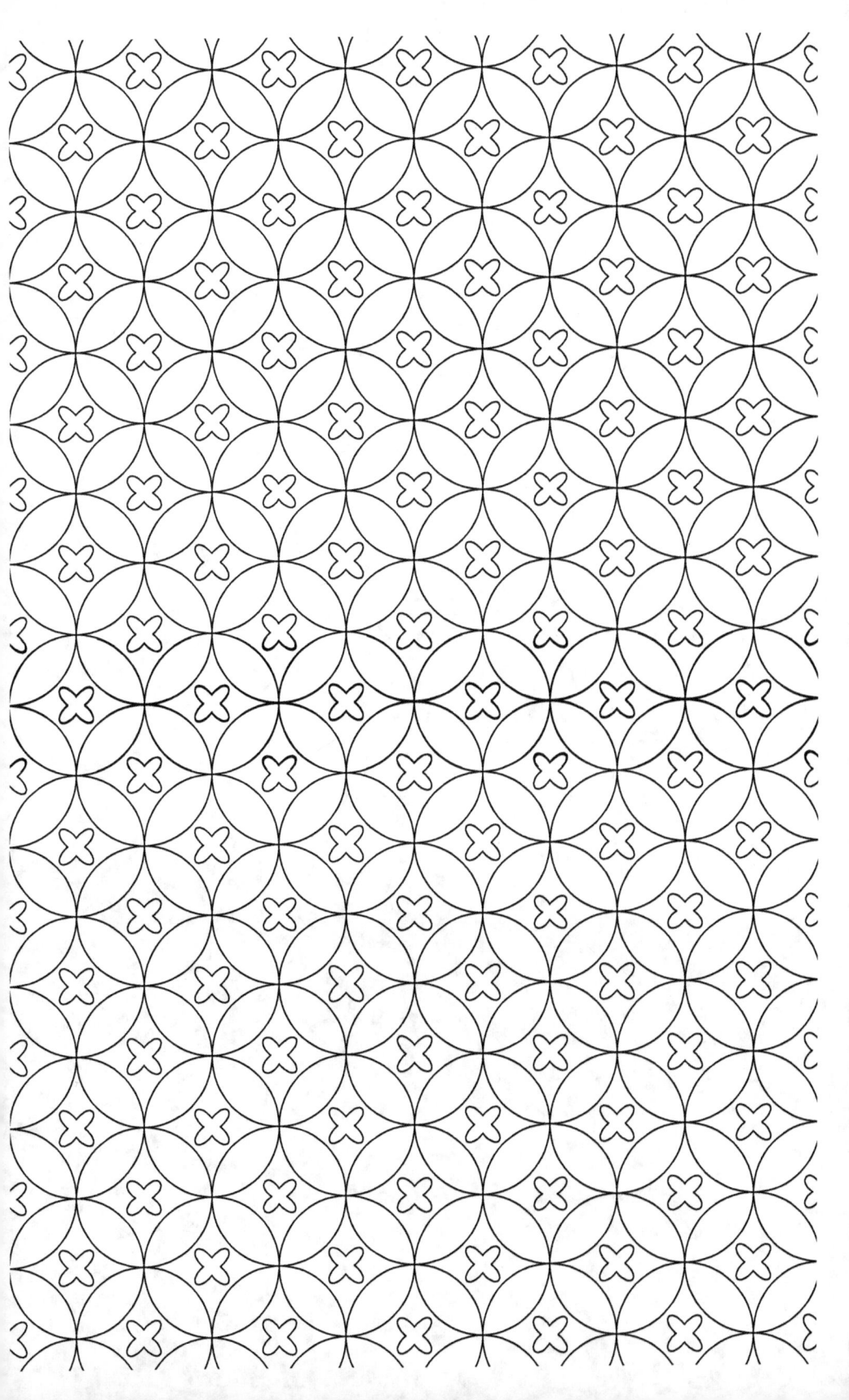

www.ingramcontent.com/pod-product-compliance
Lightning Source LLC
Chambersburg PA
CBHW051324220526
45468CB00004B/1490

Table des matières

Introduction

Le Bitcoin est un système de transfert qui repose sur la cryptographie et sur une technologie pair à pair. Il fonctionne sans aucun organisme central. La première innovation de ce réseau est l'avènement de la monnaie numérique complètement décentralisée qui porte aussi le nom de «Bitcoin ». Cette monnaie n'est pas régulée par les banques et encore moins par les gouvernements.

Les transactions qui impliquent la monnaie Bitcoin sont enregistrées dans un registre public. Des copies sont ensuite effectuées et sauvegardées sur certains serveurs dans le monde qu'on désigne par le terme « nœud ».

Un individu qui possède un ordinateur avec les caractéristiques requises peut configurer un de ces nœuds. Le nœud/bloc est la source de confiance qui remplace la banque. Il dit quelle crypto-monnaie appartient à quel wallet (portemonnaie virtuel) et c'est le travail des mineurs de contrôler et de valider ces informations. Tous les nœuds ensemble forment la blockchain.

Chacune des transactions effectuées est visible par tout le monde et se transfère entre les nœuds. Ensuite, les mineurs regroupent toutes les transactions dans un bloc par intervalle de dix minutes et les ajoutent de manière continue au livre de comptes définitif appelé blockchain.

Les détenteurs de Bitcoin conservent leur argent dans un portefeuille virtuel, à l'instar d'une personne physique qui garde son argent dans le portefeuille de sa veste. En ce qui concerne le portefeuille numérique, il est uniquement accessible depuis un logiciel ou un ensemble d'outils en ligne.

I. Tout savoir sur les Cypherpunks

Le Cypherpunk est un ensemble d'individus qui se considèrent comme des activistes numériques. Ils œuvrent pour la sécurité des personnes qui utilisent les services numériques et pour la protection de leur vie privée. Pour cela, ils tirent profit de la cryptographie.

En effet, leur revendication est toute simple. Les Cypherpunks souhaitent que l'on puisse créer une cryptographie plus puissante et mettre à profit les meilleurs outils technologiques pour protéger les données personnelles de l'utilisateur.

À partir de 1980, le terme « cypherpunk » fait partie des mots les plus utilisés en cryptographie. Les membres de ce groupe tiennent une place déterminante dans l'amélioration des technologies cryptographiques d'aujourd'hui. Ils font également partie des précurseurs des considérations liées à la protection de la vie privée sur internet.

C'est en 1992 que Jude Milhon a fait connaître ce mot au monde. Cypherpunk est l'ensemble de deux mots

: « cypher » qui signifie « chiffrement » et « punk » que signifie « rebelle ». On peut également dire qu'il s'agit d'une dérivation du mot « cyberpunk » qui désigne un genre de science-fiction proche de la dystopie et de la hard science-fiction. Dans ce genre littéraire assez futuriste, la technologie sur place est au centre des intrigues.

Mais comment le mouvement a-t-il débuté ? Qui sont réellement les cypherpunks ? Qu'ont-ils réalisé dans le monde ? Et que deviennent-ils de nos jours ?

1. Origine du mouvement

En 1970, les technologies informatiques ont prouvé qu'elles étaient capables d'agir sur la sécurité des données publiques en utilisant les technologies cryptographiques. C'est à ce moment que le mouvement a vu le jour.

À cette époque, les adeptes de la cryptographie souhaitaient que les applications de cette technologie aillent au-delà des frontières militaires. Ce souhait était totalement légitime si on considère la nécessité d'explorer les opportunités d'avenir qu'offrait un monde dans lequel les ordinateurs pouvaient être interconnectés. Un monde dans lequel tout le monde pouvait stocker ses données sur un réseau et les consulter depuis n'importe quelle destination sur la planète.

À la base, internet a été créé pour ne pas avoir de faille et ne jamais échouer. Mais à aucun moment, la sécurité des données n'a été prise en compte. Ralph Merkle a été l'un des personnages emblématiques à s'inquiéter pour cet aspect sécuritaire d'internet. Étudiant déjà, il était parvenu à créer les bases d'un grand nombre de systèmes cryptographiques qui sont utilisés aujourd'hui. Dans le monde du numérique, Ralph Merkle est considéré comme le premier à avoir créé un système cryptographique asymétrique fonctionnel. Malheureusement, ce fait a vite été oublié puisqu'à ce moment ses recherches étaient considérées comme une absurdité.

Ralph Merkle a ensuite joint ses efforts à ceux de Whitfield Diffie et Martin Hellman pour créer les premiers systèmes fonctionnels de cryptographie asymétrique ouverts au public. Son équivalent symétrique était le Data Encryption Standard (DES) que l'État américain a rendu public.

Dès lors, la cryptographie a commencé son ascension et a transformé le monde. Le mouvement cypherpunk s'est également fait de plus en plus connaître pour une place importante qu'il occupait dans l'évolution de la cryptographie.

2. Les Cypherpunks se font de plus en plus connaître en 80

L'avènement et l'évolution, en 1970, de la technologie cryptographique, que ce soit celle asymétrique ou symétrique, avaient certes été importants. Mais certains spécialistes pensent que cette avancée n'est pas suffisante.

D'autres étaient d'avis que la cryptographie symétrique DES ne pouvait pas prendre en charge toutes les applications de sécurité en face d'elle. Des soupçons planaient également sur la volonté du gouvernement américain de maintenir le système à un faible niveau de sécurité pour faciliter les opérations d'espionnage.

Parlant de la cryptographie asymétrique, il est difficile de développer les systèmes en raison de leur complexité et des faiblesses dans leur puissance de calcul. Cependant, ce fait ne semblait pas freiner l'engouement des développeurs.

En 1980, l'avènement de la suite des protocoles internet TCP/IP (TCP pour Transmission Control Protocol et IP pour Internet Protocol), et l'évolution rapide d'ARPANET ont donné le change pour le développement de ce qui sera le plus grand réseau d'information au monde.

Face aux opportunités flagrantes que suscite ce développement, certains spécialistes comme Shafi Goldwasser, Silvio Micali ou encore David Chaum ont pris le paris de se concentrer sur les futurs défis de la cryptographie.

Parmi ces brillants esprits, David Chaum est de loin le plus rebelle et le plus prolifique. Il a concentré ses efforts sur l'utilisation de la cryptographie au maximum de ses capacités. Son objectif était de protéger les données personnelles des utilisateurs. Le combat qu'il menait impliquait le peuple d'un côté et les gouvernements qui souhaitent le contrôler de l'autre. Dans ce combat, chaque partie utilisait comme arme la cryptographie avancée et la technologie.

C'est dans cette optique que David Chaum en est venu à développer des systèmes extrêmement sécurisés tels que : la signature aveugle, les systèmes d'identification cryptographiques, la signature de groupe, et la première monnaie virtuelle sécurisée grâce à la cryptographie.

Toutes ces actions pourraient faire de David Chaum le premier membre du mouvement cypherpunk. Ces décisions impactent nos vies encore aujourd'hui et nous pourrions voir grandir dans le futur un mouvement qui prône la protection de notre vie privée dans le monde entier.

3. Naissance de la liste de diffusion du mouvement Cypherpunk

Dans les années 90, internet avait déjà pris ses aises. Il était déjà possible d'utiliser ce grand réseau mondial qui permettait de relier plusieurs autres réseaux même si la portée n'était pas aussi étendue que de nos jours. Mais le concept, lui, était bien réel. Désormais, des milliers de gens dans le monde pouvaient partager des données ou des informations entre eux sans que leur présence physique soit requise.

À cette époque-là, les internautes utilisaient la liste de diffusion comme un creuset pour se rencontrer et discuter de différents sujets. Parmi les listes créées figure celle du mouvement cypherpunk qui a vu le jour en 1992. Elle était bien entendu un peu différente des autres. Elle regroupait des personnalités telles que : David Chaum, Timothy C. May, Adam Back, Lance Cottrell, Romana Machado, Éric Hughes, Jude Milhon, Fen Labalme, Nick Szabo, Ron Rivest, Richard Stallman, Tatu Ylönen, Ulf Moller, John Gilmore, et Tim Berners-Lee.

Depuis 1992, la liste de diffusion cypherpunk a été le cœur d'une multitude de projets cryptographiques à travers le monde. On peut citer des projets d'envergure comme l'Open Privacy ou encore l'Electronic Frontier Foundation (EFF).

La liste a également vu germer « The Cyphernomicon » et « The Cryptoanarchist Manifesto ». Il faut aussi noter toutes les avancées qui nous ont conduits à l'avènement de la blockchain et de la crypto-monnaie.

4. Les principales réalisations du mouvement cypherpunks au cours de l'histoire

Les cypherpunks ont de tout temps eu une seule mission : trouver des outils capables d'aider les internautes à protéger leur vie privée. Quels sont les outils créés et comment ces derniers ont-ils impacté les internautes et leur vie privée ?

❖ Internet

Cela peut sembler curieux, mais si internet existe aujourd'hui c'est en partie grâce au travail de cypherpunks. Le fait est que le créateur du réseau de tous les réseaux, Tim Berners-Lee était reconnu comme étant un cypherpunk très populaire.

Durant son existence, il a fait la promotion de l'idée de la transparence des informations gouvernementales dans le monde. Il s'est aussi battu pour obtenir aux internautes le droit à la confidentialité, à la neutralité d'internet, et à l'ouverture de la toile.

❖ Accès sécurisé à distance

Sur internet, la tâche que les internautes exécutent le plus est l'accès à des ressources à distance depuis n'importe quelle destination sur la planète. Ceci est possible grâce à certains protocoles tels que : Telnet et FTP. Ces derniers étaient utilisés depuis l'avènement d'internet, mais aucun d'eux n'était sécurisé. Tatu Ylönen a donc créé le protocole SSH qui est connu pour fournir un très haut niveau de sécurité lors des accès à distance. Aujourd'hui encore, ce protocole est utilisé par une majorité d'internautes.

❖ Cryptage SSL

Au début d'internet, il n'existait aucun cryptage pour se connecter au serveur. Cela signifie que n'importe qui pouvait surveiller les connexions et accéder à toutes les informations et les ressources desdites connexions. Un fait qui constituait clairement une absence cruelle de sécurité amenant à une violation de la vie privée.

❖ Organisations pour la défense des droits

Mitch Kapor, John Perry Barlow et John Gilmore ont mis sur pied l'Electronic Frontier Foundation. Ces personnalités bien connues dans le monde des cypherpunks ont changé radicalement les prémices des organisations qui défendent les droits numériques et ont grandement impacté leur avenir.

Entre autres organisations, on peut citer Free Software Foundation créé par Richard Stallman. Elle prône la possibilité pour qui le souhaite, de manipuler les codes sources de tous les programmes. C'est ce type d'organisations qui est à la base de l'avènement des systèmes comme Linux/GNU ou encore Android.

5. Les avancées en cryptographie et en technologie informatique

Depuis l'avènement des technologies cryptographiques, les cypherpunks ont été les précurseurs de la plupart des avancées dans le domaine. Le plus grand exemple est celui de David Chaum qui est à l'origine d'une version de monnaie virtuelle et du concept de signature aveugle. On peut également mentionner le travail de Shafi Goldwasser qui est à l'origine des systèmes distribués permettant de résister aux erreurs. Il est aussi possible de parler des multiples travaux qui ont réussi à consolider et faire avancer l'informatique afin qu'elle devienne plus performante et plus sécurisée.

Face à toutes ces avancées, il est tout à fait correct de dire que les cypherpunks ont énormément impacté le monde. Les esprits brillants qui ont initié le mouvement ne cessent de stimuler d'autres changements qui profitent au grand nombre. Et bien que des obstacles se dressent sur le chemin, le concept de cypherpunk continue de grandir et de se fortifier puisque les gens ont pris conscience du fait que les vrais protecteurs de la vie privée ne se trouvent pas en la personne des gouvernements, mais plutôt de ceux qui sont capables de transformer les choses et de modifier la manière dont elles sont faites : des cypherpunks. Pour paraphraser Eric Hughes, on peut dire que les cypherpunks sont aussi des développeurs qui sont accoutumés au codage.

II. L'affaire Satoshi Nakamoto : un véritable mystère non résolu

Satoshi Nakamoto est le nom donné au créateur, sinon aux créateurs de la crypto-monnaie Bitcoin. Ce nom a fait parler de lui ces dernières années en raison de la monnaie puissante qu'est devenu le Bitcoin.

Satoshi Nakamoto est devenu célèbre en utilisant la Cryptographie Mailing List en 2008 pour créer le Bitcoin. L'année suivante, le personnage a développé une version libre d'accès qui permettait de relier entre eux plusieurs postes d'ordinateurs. Il a ainsi généré une tâche basique pour toutes les opérations en rapport avec la cryptomonnaie.

Cette tâche avait pour but d'aider les utilisateurs à envoyer et à recevoir des bitcoins tout en sauvegardant les traces de leurs transactions sur une liste afin de s'assurer que pas une pièce n'a été dupliquée. Ainsi, la première extraction minière a vu le jour le 09 janvier de l'année 2009 et à son tour elle a donné naissance aux premières monnaies Bitcoin du monde. À partir de là, les crypto-monnaies ont de plus en plus été développées. Ils ont impressionné le monde, bien que techniquement ils n'aient pas fait autant de bruit que la soudaine et inexpliquée disparition de leur créateur Satoshi Nakamoto.

1. Qui est réellement Satoshi Nakamoto ?

En réalité, le nom Satoshi Nakamoto est un pseudonyme. Il est utilisé pour désigner l'expert ou plutôt l'ensemble d'experts qui se sont regroupés pour mettre la monnaie sur pied. Ils ont non seulement conçu le Bitcoin, mais aussi la totalité des logiciels sur lesquels il se base. Si ce nom est devenu si mythique, c'est justement parce que la ou les personne(s) qui le portent ont conçu la totalité du protocole de la crypto-monnaie et se sont envolées en 2011. Il s'agit d'une disparition vraiment étonnante puisque jusqu'à maintenant, le nom est resté dans le système sans qu'il soit possible de dire exactement où se trouvent le ou les personnes qui en sont propriétaires. On ne sait d'ailleurs s'il s'agit d'une personne bien réelle, d'un personnage fictif ou de plusieurs programmeurs.

On pouvait lire au niveau de la fondation P2P, que Nakamoto était un homme âgé de 37 ans habitant au Japon. Mais cette information n'a pas convaincu grand monde. Le fait est que le créateur du Bitcoin maîtrise l'anglais et n'a pas daigné écrire une ligne de japonais dans le code de la crypto-monnaie. Plusieurs personnes soupçonnent que ce nom cache plusieurs individus nord-américains et européens qui travaillent dans le secteur financier. Évidemment, pour d'autres, le Bitcoin est l'œuvre d'un grand génie assis derrière son ordinateur.

On n'est donc pas surpris qu'à partir de ces idées, de nombreuses théories fassent leur apparition et désignent un ou des propriétaires pour le nom Satoshi Nakamoto. Bon nombre ont rejeté le nom publiquement. Des spécialistes se sont même concentrés sur les connexions que les présumés propriétaires partageaient au moment de la naissance du protocole bitcoin. Ils sont arrivés à la conclusion que le schéma temporel observé rappelle curieusement le schéma de l'Amérique centrale ou du Nord. Bien que de nombreuses pistes aient été découvertes par les uns et les autres, l'évidence est qu'aucun ne peut affirmer avec exactitude qui se cache derrière la dénomination « Satoshi Nakamoto ».

2. Pourquoi le nom Satoshi Nakamoto est-il un mystère ?

Il n'existe pas d'explication précise à cette énigme. Personne ne peut expliquer pourquoi Satoshi Nakamoto est toujours anonyme de nos jours. La plupart penchent pour la théorie selon laquelle la personne derrière le nom est probablement morte. Il n'a jamais daigné faire part de son identité ni même donner des informations pour nous orienter parce qu'il tenait à sa sécurité. De cette manière, il se met à l'abri de la surveillance, mais aussi des harcèlements.

Mais, on comprend que le monde de la cryptographie souhaite connaître le brillant esprit qui est l'origine de projet qui peut être qualifié d'un des plus surprenants que notre monde ait connu.

Tout ce qu'on peut retenir c'est que les potentiels initiateurs du Bitcoin ont tenu à ce que ce soit les mineurs et les utilisateurs qui suivent son cours sur le marché. Ils prônent de façon indirecte le côté décentralisé de la cryptomonnaie. Mais comment sont-ils parvenus à rester inconnus de tous dans un monde où tout se sait ?

Ils ont réussi cette prouesse en utilisant des réseaux virtuels pour communiquer et en signant des accords de confidentialité afin de garder le projet totalement anonyme. Ils se connectent également avec beaucoup de prudence et prennent la peine de sécuriser leurs ordinateurs afin de protéger leur identité.

3. Et s'il était possible de révéler qui se cache derrière Satoshi Nakamoto ?

Révéler qui se cache derrière Satoshi Nakamoto ferait l'effet d'une bombe atomique sur le marché. Le prix du Bitcoin et d'autres crypto-monnaies risque d'être fortement affecté. Il ne faut pas oublier qu'il s'agit tout de même d'une entité qui a réussi à échapper à la surveillance des gouvernements pour proposer au public un système inviolable qui ne prend pas en charge les erreurs ou bugs traditionnels connus. On parle d'une personne ou d'un groupe qui a initié d'innombrables applications et utilisations grâce au côté anonyme et décentralisé du système.

Si la véritable identité de Satoshi Nakamoto venait à être révélée, il y a fort à parier que les bruits de couloirs se concentrent sur une possible restructuration du Bitcoin, des réseaux de bloc qui le compose, de quelques-unes de ses particularités, et ce, dans un sens ou dans l'autre. Puisqu'on ignore si les changements seront positifs ou négatifs, il est probable que le prix du Bitcoin baisse et que ceux qui le détiennent connaissent des pertes considérables. On peut donc supposer que c'est pour éviter un tel événement que la vérité derrière Satoshi Nakamoto n'a jamais été révélée.

4. Qui suspecte-t-on d'être Satoshi Nakamoto ?

Puisque le fondateur du Bitcoin a décidé de rester dans l'anonymat, les gens se sont chargés de lui créer des identités. L'une des plus récentes est celle de Hal Finney. Un fait qui a été démenti immédiatement. Les soupçons se sont ensuite portés sur Paul Le Roux. Seulement, il n'existe pas assez d'arguments qui jouent en faveur de ce dernier. Alors, les gens ont très vite abandonné cette piste pour revenir à la case départ. Tout ce dont on est sûr c'est que le mystérieux fondateur du Bitcoin a signé de Satoshi Nakamoto le manuel de la crypto-monnaie. On ignore toujours s'il s'agit d'une seule personne ou de plusieurs programmeurs.

Toutefois, peu importe son identité, son but est très clair : mettre sur le marché un mécanisme de monnaie virtuelle qui se passe totalement du service des banques et qui vient s'imposer pendant la crise financière considérée comme la plus virulente.

En résumé, l'identité de Satoshi Nakamoto dans la vie réelle n'est toujours pas connue. On la considère comme la plus grande énigme du net. L'inventeur du protocole Bitcoin communiquait toujours grâce à un compte anonyme. On peut néanmoins être sûr que c'est Satoshi Nakamoto le père de toutes les monnaies numériques qui utilisent la blockchain.

III. Création de la crypto-monnaie Bitcoin

Encore appelées actifs cryptographiques, actifs financiers virtuels ou numériques, les crypto-monnaies représentent des monnaies virtuelles. D'où viennent-elles et comment naissent-elles ?

Les crypto-monnaies ont été inventées pour servir comme un échange monétaire avec un système tel que ce sont les détenteurs qui créent de la valeur. Leurs caractéristiques technologiques utilisent bien entendu la cryptographie. Cette dernière permet de mettre à profit des techniques d'encodage ou de cryptage de données qui rendent les crypto-monnaies éligibles une fois arrivées chez leur destinataire.

On admet que le Bitcoin (BTC) constitue la première crypto-monnaie, mais aussi le représentant des autres monnaies virtuelles. Il est composé d'un protocole en accès libre, ainsi qu'un réseau pair à pair. Sa naissance date de l'article de Satoshi Nakamoto en 2008.

À ses débuts, seulement une poignée de geeks connaissait son existence. Cependant, ils la considéraient comme un actif sans valeur et inutile. Mais depuis, la valeur du Bitcoin a atteint des sommets inimaginables pour des actifs de ce type. Cette information est très importante parce qu'elle va permettre de mieux comprendre la façon dont naissent les monnaies virtuelles.

Comme on le sait, c'est en 2008 que les crypto-monnaies ont débuté leur histoire. Mais c'est le 3 janvier de l'année suivante à 18h15 que le Bitcoin est officiellement né à l'occasion de la genèse, un 50 Blocs BTC. Mais ses racines sont beaucoup plus profondes. Pour mieux comprendre la naissance de ces crypto-monnaies, c'est vers ces racines que nous devons nous diriger.

1. La véritable histoire de la naissance des crypto-monnaies

Contrairement à ce que pense la majorité des gens, pour en arriver aux crypto-monnaies, le chemin fut extrêmement long. De nombreux scientifiques, mathématiciens et personnalités avec une vision précise du futur ont apporté leur pierre à l'édifice. En dehors du créateur, donc Satoshi Nakamoto, on peut citer d'autres noms qui sont tout aussi importants comme David Chaum, ou encore Wei Dai. Tous deux sont des précurseurs des monnaies virtuelles.

❖ David Chaum

Si les origines de la crypto-monnaie remontent à 2008, ses racines sont plus anciennes et s'étendent vers les années 1980, en particulier en 1983. Cette année-là, David Chaum a conçu son système de cryptographie qu'il a nommé eCash.

Il a mis sur pied une sorte de monnaie numérique anonyme ou plutôt un moyen de paiement entièrement électronique. Son système a même été utilisé par une banque américaine entre 1995 et 1998.

Il était question d'un logiciel qui stocke l'argent de la banque sous une forme numérique signée cryptographiquement. Le détenteur de cet argent peut facilement le dépenser, mais seulement auprès des commerces qui disposent de l'eCash. L'innovation se trouvait dans le fait que l'utilisateur n'a pas besoin de créer un compte auprès du commerçant ou de donner un quelconque numéro pour sa carte de crédit. Le système était sécurisé à l'aide de signatures numériques apposées avec une clé publique.

En 1995, David Chaum a créé le DigiCash. Ce système se servait de la cryptographie pour crypter les données des transactions des utilisateurs. On peut donc dire que l'essence des crypto-monnaies provient de ce système.

❖ Wei Daï

À la suite de David Chaum, en 1998, l'ingénieur Wei Daï a utilisé ses connaissances en cryptographie pour créer le "b-money". Il s'agit aussi d'un système électronique de paiement qui était distribué anonymement.

Pour le faire connaître, le spécialiste en cryptographie a publié un essai dans lequel il décrit les fonctions de base propres à n'importe quel logiciel de crypto-monnaie utilisé de nos jours. D'après l'ingénieur, Le système b-money est un stratagème que peuvent utiliser des pseudonymes numériques difficiles à localiser pour s'envoyer de l'argent en respectant des contrats bien définis entre eux.

Dans le document qu'il a publié, Daï mentionne des particularités et des spécificités de la b-money qui représentent aujourd'hui les bases mêmes des crypto-monnaies qu'on utilise. On y trouve par exemple l'obligation pour la communauté de vérifier les calculs effectués pour générer la crypto-monnaie dans le livre comptable public. Une autre spécificité est le système de récompenses accordées aux personnes qui ont effectué le travail de calcul.

❖ Le test initial de b-money

Dans l'essai qu'il a publié, Wei Daï met l'accent sur la nécessité qu'une véritable comptabilité s'installe entre le b-money et les systèmes cryptographiques qui pourraient authentifier les différentes transactions et garantir leur bonne organisation.

Avec ce principe, Daï pose les bases de ce qu'on appelle aujourd'hui la blockchain. Il a également mis le monde sur la voie de l'usage des signatures numériques et des clés publiques pour authentifier les transactions et exécuter les contrats.

Outre les nombreuses pistes pour les futures applications, la technologie b-money fait aussi deux suggestions. Elle suggère en premier l'utilisation d'une fonction de preuve de calcul (PoW) pour la genèse de la b-money. Malheureusement, elle a été jugée pas très pratique. La seconde suggestion porte sur un élément très proche du concept de bloc utilisé aujourd'hui.

La b-money n'a jamais été officiellement reconnue, toutefois les travaux de Wei Daï ont eu une grande renommée. C'est d'ailleurs cette renommée qui a valu que la plus petite unité d'Ethereum soit nommée "WEI".

❖ Bitcoin et Satoshi Nakamoto

Environ une dizaine d'années après les découvertes de Wei Daï, au moment de la crise économique de 2008, Satoshi Nakamoto fait son apparition.

Derrière ce pseudonyme se cache un individu ou un ensemble de personnes dont l'identité reste inconnue à ce jour. Le personnage Nakamoto a publié, le 1er du mois de novembre, le livre blanc du Bitcoin. Sa publication intitulée "Bitcoin : A Peer-to-Peer Electronic Cash System" parue sur le site de la fondation Peer-to-peer renseigne sur la vision du personnage en ce qui concerne la monnaie virtuelle.

C'est après cette publication que ce que Satoshi Nakamoto a nommé "Bitcoin" a fait son apparition dans le monde et avec lui les crypto-monnaies. C'est l'année suivante, le 3 janvier, que le Bitcoin est né officiellement. Ceci grâce à Genesis, le tout premier bloc de 50 BTC. Conformément aux idées de Nakamoto un logiciel libre d'accès fut créé puis publié et par dessus ce dernier, un réseau Peer-to-Peer fut construit. C'est pour cette raison que la monnaie Bitcoin est cryptée avec le format P2P.

❖ Bitcoin : la crypto-monnaie la plus célèbre

L'annotation P2P est destinée aux éléments qui appartiennent à un moyen de paiement décentralisé.

Ainsi, dire que le Bitcoin est une monnaie numérique Peer-to-Peer revient à dire qu'il ne possède pas d'émetteur centralisé. Il est donc différent des monnaies traditionnelles qui portent le nom de "monnaie fiduciaire". Le Bitcoin est généré grâce à des calculs qui utilisent des algorithmes donnés, que l'on retrouvent dans les différents nœuds d'un réseau. Ce principe permet à la monnaie virtuelle de circuler librement sur toute la planète, d'un ordinateur connecté à un autre, et d'être possédé par tous ceux qui peuvent intervenir dans sa fabrication ou dans son extraction.

Ainsi, tout le monde peut fabriquer, acheter, vendre des Bitcoins peu importe sa position sur la planète. Pour cela il faut utiliser une base de données distribuée par le biais du réseau Peer-to-Peer et construite avec des nœuds. Ce principe a pour but de permettre l'enregistrement et la confirmation de la totalité des transactions qui utilisent la technologie cryptographie. Les données de transaction sont donc sécurisées.

Le Bitcoin est obtenu à partir d'un enchaînement de codes assez complexes qui ont été générés à l'aide d'un ordinateur.

❖ Développement de l'offre de monnaie numérique

Une fois le Bitcoin sur le marché, l'offre de monnaie virtuelle s'est très vite étendue. Plusieurs autres crypto-monnaies ont vu le jour, même si elles n'ont pas toutes eu le succès qu'a connu le Bitcoin. En 2011 par exemple, on note l'apparition des monnaies comme Namecoin (NMC) et Litecoin (LTC). L'année suivante, ce sont Peercoin (PPC) et Ondulation (XRP) qui sont apparus. En 2013 le Dogecoin (DOGE) est né. L'année suivante c'est au tour des monnaies comme : SolarCoin (SLR), Dash (DASH), BitShares (BTS), Monéro (XMR), et MaidSafeCoin (MAID). En 2015 la monnaie numérique Éther (ETH) a été développée.

2. De quelle manière le Bitcoin a-t-il été créé ?

Le Bitcoin est 100% décentralisé. Il s'agit là de sa caractéristique principale et la plus importante. Cela signifie qu'elle ne peut être régulée, gérée, ni même contrôlée par quelque entité officielle que ce soit. Dans son principe, il s'agit d'une monnaie.

Il est donc naturellement utilisé pour les paiements. Toutefois, on trouve sur le net une catégorie de personnes qui se servent du Bitcoin pour se faire de l'argent à travers le trading. Lorsqu'on prend une unité du Bitcoin, on peut y trouver 100 millions de Satoshi. C'est la plus petite unité du système et elle est utilisée pour les comptes. Pour cette unité on peut également trouver une énorme base de données distribuée P2P dans laquelle les transactions effectuées sur le site sont enregistrées.

Pour obtenir le Bitcoin il faut que la totalité des informations qui ont été stockées soient regroupées par bloc à travers tout le réseau. Elles doivent bien sûr être reliées entre elles dans la blockchain. Grâce à Satoshi Nakamoto tous les mouvements décrits peuvent être consultés par tout le monde dans le but de conserver une certaine confiance et une certaine transparence entre les différents utilisateurs.

❖ Mais comment tout cela fonctionne réellement ?

En réalité, le principe de fonctionnement du Bitcoin est assez simple et aisé à comprendre.

D'ailleurs on peut rapidement cerner son but lorsqu'on observe toutes les lacunes de notre système monétaire traditionnel. En général, avant que l'argent atterrisse sur le compte de l'utilisateur, une entité tierce (la banque) doit confirmer sa disponibilité et donner l'aval pour son utilisation. La banque centrale joue un rôle de confiance : elle est la garantie que la somme d'argent est bien réelle, qu'elle peut passer d'une main à une autre, ou encore qu'elle peut servir pour payer le loyer.

Satoshi Nakamoto a compris où était le problème et a voulu y remédier. En effet, la présence d'une troisième partie est indispensable dans le système traditionnel pour construire la confiance, mais aussi pour garantir que la même somme d'argent ne sera pas utilisée deux fois. Avec le Bitcoin il n'est pas nécessaire de faire confiance à un tiers. Il faut tout simplement agir publiquement. Toutes les personnes qui participent au système disposent des informations sur la manière dont l'argent est distribué. Ils peuvent à tout moment consulter ces informations depuis leur ordinateur.

Il faut comprendre que la technologie blockchain permet aux utilisateurs de partager un même logiciel.

C'est dans ce dernier que sont stockées toutes les informations relatives à la distribution de la monnaie virtuelle au sein des blocs. À chaque nouvelle transaction un nouveau bloc est créé contenant les anciennes et les nouvelles informations. Ce bloc se joint ensuite à ceux qui existaient déjà. Pour garantir la sécurité du système, tous les blocs sont protégés par un cryptage. C'est l'ensemble de ces blocs qui forment la blockchain. Nom donné en raison de leur forme qui rappelle celle d'une chaîne.

Puisque chacun des participants peut accéder en toute légalité aux informations contenues sur le réseau et procéder à des vérifications, on considère que la blockchain est sécurisée. En effet, si une personne désire manipuler la chaîne il lui faudra toucher à tout l'historique des transactions stocké sur l'appareil.

❖ Consommation énergétique et sécurité

Ce nouvel univers numérique qui s'est créé n'est malheureusement pas gratuit. Pour la gestion des monnaies traditionnelles, les banques engagent des employés et utilisent des ressources pour protéger et sécuriser leur système.

Avec le Bitcoin, les transactions ne nécessitent pas de recourir à un personnel, mais les ressources énergétiques mises à profit sont énormes. Les responsables sont les « mineurs » de crypto-monnaies. Ces derniers ont besoin d'énormément d'énergie pour miner le Bitcoin. Pour cela, ils utilisent des ordinateurs avec de fortes puissances informatiques et donc énergivores. Pour chaque bloc de transaction validé, le mineur reçoit des Bitcoins en récompense. D'après un spécialiste néerlandais, les mineurs de Bitcoin consomment presqu'autant d'électricité que l'Irlande en une année.

Et bien qu'on ait tendance à citer cet argument comme un avantage, l'inexistence d'une banque centrale et en réalité un inconvénient. En effet, avec les Bitcoins les prix sont très volatils puisqu'aucune autorité n'est chargée de les stabiliser. En 2017, les investisseurs font la mauvaise expérience de cette instabilité lorsque la valeur du bitcoin est montée jusqu'à 20 000 dollars, pour après chuter brutalement. Outre ces inconvénients, il faut également noter que le principe d'anonymat ouvre la voie à toutes sortes de crimes et de malversations.

❖ Est-il possible d'utiliser la blockchain quand on ne détient pas de Bitcoins ?

Le principe de la blockchain peut également servir à une échelle réduite. Par exemple, il peut être utile pour les entreprises qui souhaitent de plus en plus utiliser le « sceau blockchain » pour leur produit. L'entreprise pharmaceutique Merck ou encore la société d'assurance Axa se sert de cette technologie pour rendre respectivement leurs produits et leurs contrats infalsifiables. Pour ce faire, ils peuvent lier la technologie à un système d'exécution automatique.

Avec ce système par exemple, il est possible de vérifier automatiquement si certains vols ont du retard et de déclencher une action lorsque ce retard dépasse deux heures. Cet automatisme libère le client de toute obligation d'enclencher une action, et lui permet de recevoir automatiquement sa compensation (en euros et non en Bitcoins), selon les clauses d'un contrat.

3. Le réseau décentralisé de paiement

Il s'agit d'un réseau dans lequel les paiements sont effectués sans l'intervention d'un tiers qui s'occupe de l'opérationnalisation de la sécurisation des transactions. Les fournisseurs, les utilisateurs et les clients peuvent donc s'envoyer mutuellement de l'argent sans faire confiance à une autre entité.

L'existence d'un tel réseau est rendue possible par la mondialisation d'Internet et la technologie de blockchain. Ensemble, elles apportent décentralisation, sécurité et évolutivité.

Avant l'avènement de la blockchain, le seul réseau décentralisé de paiement était « l'espèce ». Lorsque deux parties sont impliquées dans un échange en espèces, elles n'ont pas besoin de faire confiance à une entité tierce qui se chargera de surveiller la transaction. La raison est toute simple, les soldes disponibles pour les deux parties sont physiques.

Mais, il faut faire remarquer que la monnaie liquide, comme toutes les autres, est contrôlée par les gouvernements et les banques centrales qui s'assurent de le rendre légitime et d'empêcher les malversations comme la contrefaçon.

En cela, le Bitcoin est révolutionnaire puisqu'il imite un système électronique de paiement peer-to-peer. C'est un système de paiement totalement distribué, dans lequel toutes les transactions effectuées sont traitées de manière publique et sont accessibles par la totalité des nœuds Bitcoins. La crypto-monnaie est donc certes, moins décentralisée que le réseau de paiement en liquide, mais elle n'est pas centralisée puisqu'il n'existe aucun point central de défaillance.

4. Quelle est la différence entre un réseau décentralisé et un réseau centralisé

Le réseau centralisé implique la présence d'une troisième partie dans la transaction. Il peut s'agir d'une banque ou une société de transfert de fonds.

Cette dernière tient un registre dans lequel elle enregistre l'ensemble des transactions effectuées par les deux autres parties. Elle ouvre également des comptes auprès d'autres banques, en particulier celles centrales, dans le but d'autoriser des virements d'argent interbancaires. C'est-à-dire qu'en cas de virement international, les banques impliquées vont d'un côté créditer le compte et de l'autre le débiter. De tout temps, les banques ont toujours été le mécanisme le plus sécurisé pour garder l'argent. Mais avec l'extension d'Internet, les cyberattaques et les pertes de données personnelles sont devenues monnaie courante. Il suffit qu'un pirate pénètre dans le registre central d'une banque pour manipuler les soldes des clients et même accéder aux comptes d'autres banques.

Avec le Bitcoin et la blockchain, un tel comportement n'est pas envisageable puisque le registre des transactions est public. De plus, chaque nœud du réseau est autorisé à enregistrer et à vérifier les transactions en tout temps. Aussi, chaque transaction enregistrée est immuable, il n'est donc pas possible de les manipuler.

De fait, dans un monde où le numérique tient une place importante, cette option s'avère plus sécurisée que les banques. Mais quels bénéfices tire-t-on du paiement décentralisé ?

5. Les bénéfices du système décentralisé par rapport aux solutions de paiement centralisées

•   La solution de paiement décentralisée est plus transparente, elle est moins chère et fiable. Elle est également plus sécurisée et moins vulnérable au piratage. Il est vrai que de nombreuses personnes critiquent la technologie blockchain en particulier ses produits comme Ethereum pour son coût élevé durant les congestions, mais ils restent toujours moins coûteux que les solutions de virements traditionnelles. Prenons l'exemple d'un virement international partant de l'Allemagne pour le Brésil. Les deux parties devront verser des frais de transfert qui s'élèvent à un pourcentage donné de la somme totale virée.

Mais ils seront également dans l'obligation de payer le taux de change pour convertir de l'euro en réais. Avec le Bitcoin et la blockchain Ethereum, il n'y a pas d'intermédiaires. Il faut également préciser que pour envoyer de l'argent d'un pays à un autre, il faut attendre plusieurs jours. L'argent transite par deux, parfois trois institutions.

Chacune d'elle prend environ trois voire quatre affaires avant de finir le règlement.

• Grâce aux solutions décentralisées, plusieurs millions de personnes vivant dans des pays en voie de développement peuvent profiter de services financiers de pointe. Il faut dire qu'un nombre impressionnant de personnes peinent à accéder aux services financiers mondiaux. Ils sont désignés par le terme « population non bancarisée ». Plusieurs raisons pénalisaient ces tranches de personnes et les empêchaient d'accéder au crédit : manque d'identification, manque de papiers officiels, éloignement géographique par rapport à la banque, etc. Toutes ces raisons deviennent obsolètes avec le système de paiement décentralisé. Il suffit de disposer d'un appareil mobile et d'un accès Internet pour obtenir son portefeuille Ethereum ou Bitcoin et transférer de l'argent de façon instantanée.

• Grâce aux solutions décentralisées, les gens contrôlent eux-mêmes leur argent. Dans le même ordre d'idée que le point précédent, abordons une autre contrainte que rencontrent les personnes qualifiées de non bancarisées. Il s'agit de la corruption.

En effet, dans les nations en développement la corruption est un fléau qui s'associe avec le népotisme, la faiblesse de l'État et l'absence de confiance dans les institutions pour réduire le pouvoir des citoyens sur leur argent. Par ailleurs, on observe dans le monde l'effondrement de plusieurs devises du fait du comportement corrompu d'élites qui ne cherchent qu'à s'enrichir. En adoptant les réseaux décentralisés, les utilisateurs peuvent sélectionner la devise dans laquelle ils souhaitent effectuer leurs transactions. Aussi, Ethereum et Bitcoin sont des réseaux de paiement censurés et résistants. Par conséquent, il n'est pas possible d'empêcher les utilisateurs d'accéder à un portefeuille et d'exploiter le réseau. La solution de paiement décentralisée est très vite adoptée par les gens à travers le monde. Les autorités des pays, les banques (commerciales et centrales) reconnaissent de plus en plus l'importance d'Internet et du système de blockchain.

Ils sont bien obligés de reconnaître que ces derniers permettent aux gens de prendre le pouvoir sur leurs finances et réduisent l'influence et la pertinence des tiers. Dans le futur, nous serons capables d'acheter n'importe quoi, de payer pour n'importe quel service, uniquement via les paiements décentralisés, et ce, de façon totalement naturelle. Les consommateurs ne seront même pas tenus de comprendre la technologie blockchain, la cryptographie ou tous les protocoles sous-jacents. La situation sera comparable à ce qui se passe aujourd'hui avec les mails. Tout le monde peut envoyer un e-mail aujourd'hui sans rien comprendre des POP3.

IV. Que réserve le futur au bitcoin

Plusieurs technologues, passionnés et libertaires affirment que les crypto-monnaies sont l'avenir de la planète. Ils prédisent un marché totalement libre dépourvu de restrictions bancaires et gouvernementales. Dans le futur, la monnaie sera plus sécurisée, démocratique et anonyme.

Certains ont plutôt un avis contraire. Ils pensent que le Bitcoin est une bulle qui ne deviendra jamais une vraie monnaie et qui est appelée à disparaître et c'est tant mieux. La raison est simple : le Bitcoin ne peut pas représenter le futur puisqu'il fait partie du passé.

En effet, en se référant à la théorie économique, Paul De Grauwe observe le Bitcoin et la manière dont sa bulle semble s'étendre par rapport aux grandes bulles qui ont marqué l'histoire.

Les bulles économiques évoluent toutes de la même manière. Au départ, on peut observer et un grand enthousiasme et un excès d'optimisme quant à la valeur du bien et aux attentes des utilisateurs en ce qui concerne son évolution.

Ces derniers espèrent que la tendance du prix sera toujours à la hausse. Malheureusement, la bulle finit par éclater et le prix chute brutalement.

Parlant du Bitcoin et des autres crypto-monnaies, l'idée conçue est qu'il s'agit de monnaie d'avenir. Seulement, cette affirmation est tout à fait fausse. Le professeur De Grauwe explique que le Bitcoin est archaïque. Il peut être comparé à l'or ou toutes autres ressources rares.

La crypto est donc le passé et non le futur. C'est plutôt la monnaie électronique qui représente le futur. Elle n'est pas chère à produire. Bien qu'avec le Bitcoin les coûts de production sont aussi réduits, il ne peut se comparer aux technologies existantes.

1. Pour quelle raison ne peut-on pas parler d'une vraie monnaie ?

Plusieurs autres raisons judicieuses peuvent expliquer pourquoi la crypto-monnaie et le Bitcoin ne sont pas considérés comme des monnaies du futur, en particulier en considérant les fonctions d'une monnaie, à savoir : la monnaie en tant qu'unité de compte et la monnaie en tant de solutions de paiement.

Lorsqu'on considère la première fonction d'une monnaie, Le Bitcoin est déjà en difficulté en raison de cet aspect : Satoshi Nakamoto a déclaré au moment de la création de la monnaie que seulement 21 millions en Bitcoin seraient disponibles. Ce qui signifie que le Bitcoin ne sera pas produit de façon continuelle comme c'est le cas des autres monnaies. Par conséquent, à chaque fois que la demande en Bitcoin augmente, les prix suivent la même tendance. Par exemple, considérons la situation actuelle où la valeur du Bitcoin est passée de 775 dollars à 17 000 dollars en une année. La conséquence directe sera que les détenteurs pourront se procurer 22 fois plus de produits sans changer de devise. Plus concrètement, les prix du Bitcoin se sont tout simplement effondrés, entraînant la déflation.

Or, une monnaie sujette à la déflation est une monnaie morte. Alors, on ne peut que se poser la question de savoir si le Bitcoin d'aujourd'hui est vraiment une monnaie de demain.

A-t-on vraiment envie de mettre sa maison en hypothèque pour une somme de 200 000 dollars en Bitcoin, pour qu'une année après, la valeur de la monnaie se multiplie et que les 200 000 dollars deviennent 3,4 millions ?

Un autre argument imparable concernant le futur du Bitcoin est la vision utopique qu'elle impose. En effet, le Bitcoin suggère un monde idéalisé dans lequel il serait seul maître des transactions monétaires. On ne pourra plus recourir à un prêteur par exemple pour être le dernier recours en cas de problèmes financiers. Il ne sera plus question pour les banques centrales de soutenir le monde en cas de crise comme elles ont l'habitude de le faire. Personne ne pourrait avoir accès aux liquidités parce que le Bitcoin sera central. Une telle situation appelle forcément à l'insolvabilité et à la déflation. Le Bitcoin est peut-être souverain, mais il n'est pas flexible.

Pourtant, ce système qui supprime l'action des banques centrales est qualifié de remarquable par ceux qu'on nomme « les intégristes du marché ». Ils expliquent que le Bitcoin constitue le symbole du marché libre. Un marché qui n'est plus sous le contrôle des institutions et des gouvernements.

Pour eux, cette monnaie permet de créer un monde dans lequel beaucoup pourront créer de la richesse puisqu'ils auront accès à un marché autorégulé très peu enclin aux crises. En ce moment, le Bitcoin sera véritablement central, mais seulement dans le monde virtuel.

Dans ce cas, il ne s'agit pas d'une véritable monnaie, que représente alors le Bitcoin ? Difficile de le dire parce qu'il existe une grande polémique autour de la question. En tant que monnaie, le Bitcoin est défaillant. En tant que solution de paiement, il l'est tout autant. De nombreux utilisateurs se plaignent des coûts élevés et de la lenteur de système. Concrètement, le Bitcoin est une sorte de nouveau PayPal obsolète.

2. Mais alors, pour quelle raison les crypto-monnaies sont-elles si populaires ?

Les cryptomonnaies suivent la tendance normale de toute innovation. Au départ, la technologie suscite beaucoup d'engouement et d'excitation.

Les utilisateurs la considèrent comme une solution miracle à toutes les situations imaginables. Mais les ardeurs finissent par se calmer et ils peuvent enfin penser plus clairement et faire la part entre les avantages et les inconvénients de l'innovation. C'est exactement ce qui arrive avec les cryptomonnaies de façon générale, le Bitcoin et la blockchain en particulier.

De manière fondamentale, la blockchain est une technologie qui propose un registre distribué composé de comptes qui sont protégés à l'aide de la cryptographie. Tout élément qui peut faire l'objet d'une liste peut être pris en charge par des blockchains. De fait, cette technologie n'est pas seulement utilisée en finance. Des entrepreneurs s'en servent pour gérer d'autres projets, en médecine et en agriculture notamment. Évidemment, certains projets sont brillants pendant que d'autres sont absurdes. Mais la véritable raison derrière ce phénomène se situe dans la logique du capital-risque et de la technologie. Cette logique pousse l'industrie technologique à déterminer réellement le rôle de chaque plate-forme.

Les cryptomonnaies ont eu leurs années de gloire. Des milliards ont été débloqués et de nouvelles crypto-monnaies ont été introduites. Mais, il ne faudrait pas compter sur un avenir dans lequel il nous sera possible de créer notre propre monnaie. Toutefois, il est possible que chaque entreprise décide d'émettre un jeton que lui servira de monnaie. Mais avant d'en arriver là, nous devons être capables de résoudre trois problèmes fondamentaux dans l'industrie.

À la question, la crypto-monnaie est-elle est un outil ou un investissement, il est possible de répondre : les deux pour le moment. Actuellement, dans certains systèmes, les gens investissent les pièces de crypto-monnaie comme ils l'auraient fait avec n'importe quelle autre monnaie. Mais à côté, des systèmes plus innovants ont vu le jour et permettent d'utiliser les crypto-monnaies comme des jetons qu'on utilise pour développer la plate-forme de façon continue. Cependant, dans l'avenir, une utilisation va prévaloir sur l'autre.

Doit-on continuer à dire que la crypto-monnaie est une monnaie traditionnelle d'un autre genre ? Cette affirmation n'est pas exacte.

À ses débuts, elle a été présentée comme une monnaie traditionnelle numérique et même si la technologie y ressemble, ce n'est pas le cas.

Le deuxième problème à régler dans l'industrie est la question de la résolution des problèmes qui entourent les crypto-monnaies et le Bitcoin par les développeurs.

Le dernier problème à résoudre implique les services intermédiaires qui entrent en ligne de compte dans le minage du Bitcoin. En effet, parce qu'il est assez complexe de vendre, d'acheter ou de stocker les Bitcoins, bon nombre de personnes sollicitent les services de tiers. Ces derniers finissent par entrer en compétition pour proposer à leurs clients de meilleurs services et gagner leur confiance.

Ainsi, si l'on souhaite que les cryptomonnaies progressent dans le futur, il va falloir se pencher sérieusement sur ces trois questions.

Dans le fond, la totalité des problèmes que rencontrent les monnaies numériques repose sur une question de confiance.

Un fait assez troublant lorsqu'on considère que le système prône la liberté technologique dans un monde où la confiance n'est plus un paramètre à intégrer puisque la prochaine est garantie irréfutable de sécurité.

Mais en attendant que tout cela se fasse, les investisseurs continuent d'investir dans la technologie et les outils continuent d'apparaître. Pour le moment, nous ne sommes pas encore dans la phase de déclin total. Le futur nous dira si cette phase pointera le bout de son nez ou non.

Conclusion

Le Bitcoin, suivi des autres crypto-monnaies, a atteint une valeur de près de 65 000 dollars en 2021. Malheureusement en 2022 il est tombé à 20 000 dollars. Cette chute spectaculaire est l'essence même de la cryptographie et constitue une sorte de piqûre de rappel pour les investisseurs. Cette descente vient leur rappeler que le Bitcoin est une ressource très volatile. 2022 avait pourtant commencé comme une année durant laquelle le Bitcoin a atteint un point culminant et les cryptomonnaies se sont insérées plus profondément dans la culture financière, les mœurs, le commerce, etc.

Dans le cas où vous souhaitez investir dans le Bitcoin ou dans d'autres cryptomonnaies, vous devez absolument prendre la peine d'analyser les bases. Cherchez à connaître ce que sont réellement la cryptographie, les crypto-monnaies, et le Bitcoin. Renseignez-vous sur leur origine, les méthodes d'achat et de vente. Analysez également la légalité, l'évaluation et les applications autour de tous ces termes avant de tenter quelque action de minage.

Résumé :

Le Bitcoin est une monnaie numérique obtenue au travers d'un réseau de paiement décentralisé basé sur la cryptographie et la blockchain. Il a été créé en 2008 par Satoshi Nakamoto, mais ses racines s'enfoncent plus loin dans le passé grâce à l'action des cypherpunks. Ces « rebelles » d'internet ont posé des actions concrètes tout au long de l'histoire pour obliger les dirigeants à respecter la vie privée des utilisateurs. Leurs travaux sur les systèmes cryptographiques et les moyens de paiements numériques ont ouvert la voie à l'adoption des crypto-monnaies et à la création de tous les systèmes de la blockchain.

Le Bitcoin est central parce qu'il n'est régulé par aucune banque ni aucun gouvernement. Mais pendant que mineurs, investisseurs et prestataires intermédiaires se délectent des fluctuations de sa valeur, de la sécurité et de l'anonymat que confère son système, il se pose de plus en plus la question de savoir s'il s'agit réellement d'une monnaie qui va perdurer. Bien que les avis soient partagés, il apparaît clairement que le Bitcoin et les crypto-monnaies d'ailleurs, sont des monnaies du passé et non du futur. Économiquement, ils sont appelés à s'éteindre, car bien qu'ils reposent sur une technologie sécurisée, souveraine et pertinente, leur utilisation soulève beaucoup de contraintes dans le monde réel.

En attendant, les investisseurs continuent d'utiliser le Bitcoin et les technologies de Blockchain pour se faire de l'argent. Il est plus prudent toutefois de bien réviser les bases de chacun de ces systèmes avant de se lancer dans le minage de Bitcoin.